SUPER
POCHE

Windows 7

Copyright	© 2009 Micro Application 20-22, rue des Petits-Hôtels 75010 PARIS 1re Edition - Août 2009
Auteurs	Sylvain CAICOYA & Jean-Georges SAURY

Avertissement aux utilisateurs

ISBN : 978-2-300-021206
ISSN : 1768-1812

Couverture réalisée par Emilie Greenberg

MICRO APPLICATION
20-22, rue des Petits-Hôtels
75010 PARIS
Tél. : 01 53 34 20 20
Fax : 01 53 24 20 00
http://www.microapp.com

Support technique
Également disponible sur
www.microapp.com

Retrouvez des informations sur cet ouvrage !

Rendez-vous sur le site Internet de Micro Application **www.microapp.com**. Dans le module de recherche, sur la page d'accueil du site, entrez la référence à 4 chiffres indiquée sur le présent livre. Vous accédez directement à sa fiche produit.

Avant-propos

Cette collection fournit des connaissances essentielles sur un sujet donné sans jamais s'éloigner de leur application pratique. Les volumes de la collection sont basés sur une structure identique :

- Les puces introduisent une énumération ou des solutions alternatives.

1. La numération accompagne chaque étape d'une technique.

Il s'agit d'informations supplémentaires relatives au sujet traité.

Met l'accent sur un point important, souvent d'ordre technique, qu'il ne faut négliger à aucun prix.

Propose conseils et trucs pratiques.

Conventions typographiques

Afin de faciliter la compréhension des techniques décrites, nous avons adopté les conventions typographiques suivantes :

- **Gras** : menu, commande, boîte de dialogue, bouton, onglet.
- *Italique* : zone de texte, liste déroulante, case à cocher, bouton radio.
- `Police bâton` : touche, instruction, listing, texte à saisir.
- ✂ : indique un retour ligne volontaire dû aux contraintes de la mise en page.

8 Naviguez avec Internet Explorer 8 155

1

Découvrez Windows 7

L'utilisation de notre ordinateur à la maison où en entreprise évolue. Aujourd'hui, plus de douze millions de français de 7 à 77 ans sont connectés à Internet haut débit. Plus d'un foyer sur deux est équipé d'un ordinateur. Nous utilisons notre ordinateur pour surfer sur Internet, jouer, travailler, communiquer. Les ordinateurs sont également présents au quotidien dans la vie de nos enfants. Même dans les écoles maternelles, ils contribuent dès le plus jeune âge à l'éduction des enfants. L'usage devient universel et l'apprentissage de l'informatique est omniprésent. C'est pourquoi chaque nouvelle version de Windows doit apporter son lot d'améliorations concernant la productivité et la créativité de l'utilisateur.

Gardez à l'esprit que Windows 7 est fait pour être utilisé pendant plusieurs années, logiquement jusqu'en 2019 (fin de la période de support) et donc prêt à gérer par exemple les évolutions de puissance de nos ordinateurs mais aussi les évolutions de nos comportements.

Une des fonctionnalités importantes de Windows 7 est l'introduction d'une interface tactile, laquelle permet aux utilisateurs d'interagir avec les applications par contact tactile sur l'écran au lieu d'employer le clavier ou la souris. Bien sûr, cette interface demande d'associer un écran tactile à l'ordinateur. Pour les applications accessibles dans les lieux publics, notamment les kiosques d'information et autres applications en libre service, ce type d'interface peut diminuer le nombre d'erreurs.

Un grand nombre d'évolutions, d'améliorations et de modifications ont été apportés par rapport à Windows XP mais aussi par rapport à Windows Vista. La finalité de tout cela : simplifier les tâches les plus courantes pour laisser le champ libre à l'émergence de nouveaux besoins et de nouveaux scénarios d'utilisation pour les utilisateurs et les entreprises.

1.1 Introduction

Octobre 2001 marque la sortie de Windows XP. Cette nouvelle version de système d'exploitation à beaucoup apporté aux utilisateurs. Avec une interface agréable, il a aidé un grand nombre d'entre nous à passer au-dessus de nos appréhensions.

2007 voit la naissance de Windows Vista. Conscient de l'importance à accompagner les utilisateurs, Windows Vista propose un grand nombre de nouveautés mais aussi toujours plus d'Assistants et de simplicité.

L'objectif de Windows Vista : *Donner les pleins pouvoirs à l'utilisateur sans qu'il puisse pour autant détruire le système.* Qu'est-ce que cela signifie ? Microsoft a protégé Windows Vista pour limiter le nombre d'erreurs ou d'attaques possibles contre votre ordinateur. Il a intégré la fonction du contrôle de comptes utilisateur. Malheureusement, l'arrivée de cette nouvelle fonctionnalité s'est avérée contreproductive.

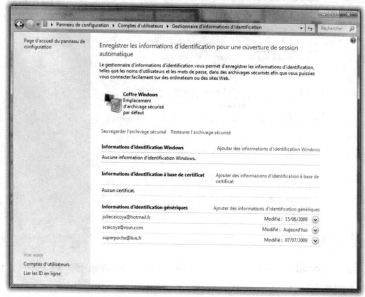

▲ Figure 1.1 : *Coffre-fort Windows pour les données*

Avec Windows 7, le message de Microsoft reste le même : donner les pouvoirs à l'utilisateur sans qu'il puisse pour autant détruire le système. Cependant, un des changements importants de Windows 7 est la refonte du contrôle de comptes utilisateur (UAC), afin de permettre aux utilisateurs de sélectionner un niveau de notification. Le paramètre le moins sécurisé désactive la fonction de contrôle de comptes d'utilisateurs et permet au programme de s'installer et d'effectuer des modifications sans demande d'autorisation (évidemment, ce mode n'est pas recommandé et l'utilisateur prend la responsabilité de la stabilité et de la sécurité de son ordinateur). Le contrôle de comptes d'utilisateurs peut se contenter d'afficher des messages lorsqu'un programme essaie de modifier les paramètres importants du système. Le paramètre le plus élevé applique un modèle de *reporting* égal à celui de Windows Vista. Dans ce cas, le contrôle de comptes de l'utilisateur demande une confirmation de l'utilisateur à chaque installation et modification dans Windows 7.

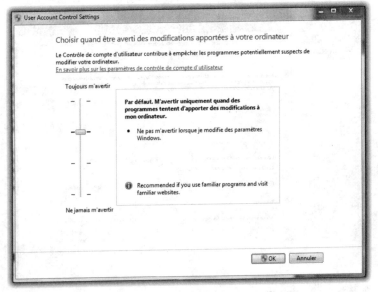

▲ Figure 1.2 : *Gestionnaire du contrôle de comptes utilisateur*

L'informatique à beaucoup évolué. Le mythe de l'informatique complexe réservée à une certaine catégorie de personnes n'existe plus. Face à ce nouveau système robuste, vous avez à présent la possibilité de quasiment tout essayer sans endommager votre ordinateur. En cas de risque, Windows 7 vous préviendra. En cas de danger, il ne vous autorisera pas à effectuer l'action demandée.

Comme nous l'avons écrit précédemment, plus de 12 millions de personnes utilisent Internet et plus d'un foyer sur deux possède un ordinateur. En partant de ce constat, il est facile d'imaginer que nous avons quasiment tous une histoire avec notre ancien ordinateur ou encore avec nos données, documents divers ou paramètres de notre profil utilisateur contenant les Favoris Internet. Même si Windows 7 propose de nouvelles expériences pour l'utilisateur, ces expériences ne valent d'être testées que si l'on peut le faire avec son ancien ordinateur ou encore ses données. Partant de ce postulat, nous avons choisi de démarrer cet ouvrage par deux chapitres liés à la vie de votre ancien ordinateur.

Le chapitre 2 traitera de la mise à niveau de votre ordinateur vers Windows 7. Vous allez pouvoir garder l'ensemble des utilisateurs créés ainsi que leurs paramètres créés sur votre ordinateur actuel. Cependant, Windows 7 demande un certain nombre de ressources pour donner accès à des versions spécifiques de Windows 7. Pour ne pas vous lancer dans l'aventure sans rien savoir, nous verrons comment Microsoft propose d'évaluer votre machine pour savoir quelle version il est possible d'utiliser. Le chapitre 2 abordera la méthode utilisable pour migrer uniquement les paramètres des utilisateurs vers une nouvelle machine.

remarque · **Migration et mise à niveau**

Bien que les mots *Migration* ou *Mise à niveau* puissent inquiéter, l'ensemble des étapes sont guidées par Assistants. Des captures d'écran et des commentaires vous accompagnent également tout au long des étapes.

Nous avons souhaité découper cet ouvrage en scénarios d'utilisation. Parmi ces scénarios, nous retrouverons dans la deuxième partie une prise en main de Windows 7. En effet, même si un grand nombre d'entre nous sont familiers de Windows XP, Windows 7 apporte tellement de changements qu'il est nécessaire de passer par une phase de prise en main en faisant le tour du propriétaire. Cette visite sera l'occasion de découvrir de nombreuses nouveautés et améliorations, surtout au niveau de l'interface graphique (voir Figure 1.3).

Mais aussi au niveau de l'Explorateur : (voir Figure 1.4)

▲ Figure 1.3 : *Interface graphique avec la nouvelle Barre de tâches*

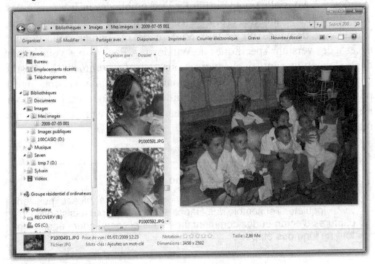

▲ Figure 1.4 : *L'Explorateur revu et sous Windows 7*

La troisième partie concernera Internet et les différents scénarios d'utilisation. Les ordinateurs évoluent, Internet aussi. Nous verrons comment utiliser Internet Explorer pour rechercher de l'information ou paramétrer le contrôle parental, comment disposer d'une boîte aux lettres sur Internet mais aussi comment publier et partager des documents tels que des photos.

Et puisque la puissance des ordinateurs et les débits augmentent, nous regarderons comment faire de la communication instantanée avec des messages, de l'audio ou encore de la vidéo grâce à Windows Messenger.

La quatrième partie sera consacrée aux divertissements et à la mobilité des ordinateurs.

▲ Figure 1.5 : *Le Media Center de Windows 7*

Pour terminer, nous évoquerons la maintenance et le dépannage.

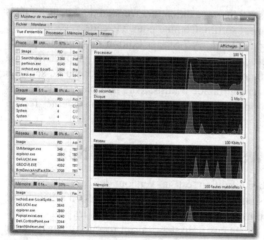

▲ Figure 1.6 : *Le moniteur de ressources*

En conclusion, l'ouvrage proposera plusieurs annexes.

1.2 Les différentes versions

Windows 7 se décline en six versions. Vous allez rapidement vous repérer en comparant votre besoin d'utilisateur aux descriptions de toutes ces versions de Windows 7.

À ces six versions, sachez tout de même qu'il n'y aura pas de distinction bien précise avec une version spéciale 64 bits. En effet, comme le 64 bits a des chances de devenir rapidement un standard, toutes les versions de Windows 7, hormis la Starter Edition, auront leur pendant 32 bits et 64 bits. Sachez également que même si certaines versions apporteront des fonctionnalités en plus pour répondre à des besoins différents, aucun compromis n'a été fait sur la sécurité. Toutes les versions, sans exception, bénéficieront des avancées communes en matière de sécurité. Là-dessus, pas d'équivoque ; choisissez la version qui vous convient en fonction de vos besoins.

1.3 Windows 7 Starter Edition

À l'instar de Windows XP Starter Edition, une version de 7 pour les pays en voie de développement sortira. Comme pour XP, cette version ne sera pas disponible chez nous. Windows 7 Starter Edition ne connaîtra pas de déclinaison 64 bits et n'autorisera pas plus de trois applications ou fenêtres ouvertes simultanément. La configuration de réseau ne sera pas possible. Pas de changement rapide d'utilisateurs non plus, ni de démarrage par validation de mot de passe, mais la connexion Internet restera accessible.

1.4 Windows 7 Home Basic Edition

Windows 7 Home Basic Edition est la version de base du système d'exploitation pour les utilisateurs à la maison. Cette version a été conçue pour satisfaire les besoins informatiques simples de tous les jours, elle est plus particulièrement dédiée aux utilisateurs ayant recours à leur PC pour surfer sur Internet, échanger des messages électroniques avec leurs parents et amis, créer et modifier des documents de base Office, etc.

Windows 7 Home Basic Edition offre tout de même un environnement d'une grande sécurité, fiabilité et efficacité. Les utilisateurs pourront tirer parti de nouveaux outils et de technologies modernes. Ils disposeront notamment d'un explorateur de recherche très performant, des fonctions intégrées de contrôle parental mais pas d'une interface graphique évoluée ni de Media Center, pas de MovieMaker HD ni de mise en réseau (hormis Internet évidemment), pas de cryptage, etc. On reste sur des besoins simples et quotidiens.

Cette version s'intègre parfaitement sur les PC ou portables à bas prix, à base de processeurs Intel Celeron, par exemple.

Windows 7 Home Basic Edition fait office de version de fondation pour les deux autres versions destinées aux utilisateurs à la maison que sont Home Premium et Ultimate Editions.

1.5 Windows 7 Home Premium Edition

Windows 7 Home Premium Edition s'adresse aux particuliers exigeants. Cette version réunit toutes les fonctions de Windows 7 Home Basic et offre des fonctions supplémentaires. C'est le meilleur choix pour tirer pleinement parti de toute l'ergonomie, la puissance et la versatilité des usages du PC à la maison : photos, vidéos, TV, films, musique et jeux.

Avec cette version, on grimpe d'un cran dans les fonctionnalités. Par exemple, la nouvelle interface graphique Aero est disponible. Également, Windows 7 Home Premium intègre la recherche à l'ensemble du système d'exploitation : les utilisateurs sont ainsi en mesure d'organiser aisément d'importantes collections de documents, d'images, de films, de séquences vidéo et de morceaux de musique, et de retrouver en un clin d'œil les fichiers recherchés.

Windows 7 Home Premium ajoute les fonctions de Media Center. Votre PC se transforme alors en un centre multimédia pour animer les loisirs numériques de la famille. Les fonctions de Media Center intégrées permettent d'enregistrer et de regarder des émissions de télévision (y compris haute définition) et de découvrir de nouveaux contenus multimédias en ligne.

Cette édition intègre également la possibilité de connecter Windows 7 Home Premium à une Xbox 360, de façon à profiter de vos loisirs numériques dans toutes les pièces de votre domicile.

La technologie d'encre numérique du Tablet PC, qui permet d'interagir avec le PC à l'aide du stylet numérique ou d'une pression tactile, sans passer par un clavier, est également disponible dans cette édition de Windows 7.

La fonction intégrée de gravure et de création de DVD permet aux utilisateurs de graver, en toute transparence, leurs photos, vidéos et fichiers personnels sur un DVD vidéo ou données. Ils peuvent également créer des DVD professionnels à partir de films familiaux, et les partager avec leurs proches.

Cependant, Home Premium reste destiné aux utilisateurs à la maison : pas de jonction à un domaine, pas de cryptage de fichiers, par exemple.

Cette version intègre les fonctions de Media Center et de Tablet PC. Pas de versions dissociées. Bien sûr, il vaut mieux que votre portable possède un écran tactile et un stylet pour tirer parti des fonctions d'encre numérique.

1.6 Windows 7 professionnelle Edition

Abordons maintenant des versions de 7 destinées aux entreprises.

Windows 7 Business Edition est la version du système d'exploitation destinée aux entreprises de toutes tailles, mais plus particulièrement aux entreprises de petite taille. Windows 7 professionnelle aide les utilisateurs professionnels au sein d'une PME à assurer le bon fonctionnement et la sécurité de leurs PC tout en réduisant leur dépendance vis-à-vis du service informatique interne. Aux entreprises de taille supérieure, Windows 7 professionnelle apportera des améliorations significatives en termes de flexibilité et d'amélioration de gestion opérationnelle des postes de travail, réduisant ainsi les coûts de maintenance et de support. Avec cette version, les équipes informatiques pourront, dans la mesure du possible, s'affranchir des tâches de maintenance quotidiennes et se consacrer davantage aux développements stratégiques indispensables à la croissance des entreprises.

Parmi les caractéristiques incluses dans Windows 7 professionnelle, on retrouve la nouvelle interface graphique Aero. On trouve également la gestion de grands volumes d'information. En intégrant des fonctions de recherche à l'ensemble du système d'exploitation et en facilitant le classement des fichiers, Windows 7 professionnelle aide les entreprises à trouver rapidement les informations qu'elles recherchent.

Les technologies Tablet PC qui permettent d'analyser et reconnaître l'écriture sont également présentes.

Cette édition, spéciale entreprise, intègre en sus des fonctions plus spécifiques dont la jonction aux domaines, l'administration distante du Poste de travail et le cryptage de données sur disque dur

1.7 Windows 7 Enterprise Edition

Autre version pour les utilisateurs professionnels, Windows 7 Enterprise Edition est là pour mieux répondre aux besoins des grands groupes internationaux et des entreprises aux infrastructures informatiques complexes. Windows 7 Enterprise a pour objectif d'aider à réduire les risques et les coûts des infrastructures informatiques. Outre toutes les fonctionnalités dont dispose Windows 7 Business, Windows 7 Enterprise apporte un niveau de protection accru des données en mettant en œuvre une technologie de chiffrement matériel. Cette version propose également des outils pour améliorer la compatibilité des applications et faciliter la standardisation. Autre amélioration très importante pour les grands groupes : les entreprises pourront désormais déployer, à l'échelle internationale, une seule image incluant toutes les langues de l'interface utilisateur Windows.

> **Licence Windows 7 Enterprise Edition**
>
> Petite particularité : la version Windows 7 Enterprise sera proposée aux clients disposant de PC couverts par un contrat Microsoft Software Assurance ou Microsoft Enterprise Agreement.

Côté caractéristiques, BitLocker Drive Encryption (utilisation des technologies TPM 1.2 pour les clés de chiffrement) fait partie de 7 Enterprise et empêche les données confidentielles et la propriété intellectuelle des entreprises de tomber en de mauvaises mains en cas de vol ou de perte d'un ordinateur portable.

Virtual PC Express est l'un des nombreux outils intégrés qui améliorent la compatibilité des applications avec les versions antérieures des systèmes d'exploitation de Microsoft. Virtual PC Express permet d'exécuter une ancienne application sur un ancien système d'exploitation Windows dans un environnement virtuel créé sous de Windows 7 Enterprise.

Le sous-système pour applications UNIX est également présent sous 7 Enterprise et permet aux utilisateurs d'exécuter des applications UNIX directement sur un PC Windows 7 Enterprise.

La nouvelle interface graphique Aero est également disponible.

1.8 Windows 7 Ultimate Edition

Enfin, terminons par le *nec plus ultra*, la Rolls-Royce des versions de Windows 7. La version Windows 7 Ultimate est un condensé des fonctionnalités et avantages de toutes les autres versions de Windows 7. Il y a tout dedans : que vous soyez utilisateur à la maison, utilisateur en entreprise ou administrateur, à moins que vous ne soyez les trois à différents moments de la journée. C'est le premier système d'exploitation à réunir toutes les fonctions de divertissement, de mobilité et de productivité offertes par Windows 7.

Les versions N de Windows 7

Pour être plus précis, signalons l'existence, comme sous XP, des versions Windows 7 Home Basic N et Windows 7 professionnelle N, versions sans Windows Media Player intégré, résultant des procès intentés par l'Union européenne à Microsoft.

1.9 Comparatif technique des versions

Voici un bilan des fonctionnalités techniques incluses dans chaque version.

Fonctionnalités techniques différenciées	Starter Edition	Home Basic Edition	Home Premium Edition	Professionnelle Edition	Ultimate & Entreprise Edition
Tab. 1.1 : Comparatif technique des versions de Windows 7					
Barre de tâches améliorée avec Jump liste	OUI	OUI	OUI	OUI	OUI
Windows Search	OUI	OUI	OUI	OUI	OUI
Rejoindre un homeGroup	OUI	OUI	OUI	OUI	OUI
Windows Media Player	OUI	OUI	OUI	OUI	OUI
Sauvegarde et récupération	OUI	OUI	OUI	OUI	OUI
Action center	OUI	OUI	OUI	OUI	OUI
Device Stage	OUI	OUI	OUI	OUI	OUI
Diffusion multimédia améliorée	OUI	OUI	OUI	OUI	OUI
Exécution d'application	3 Programmes	Illimitée	Illimitée	Illimitée	Illimitée
Aperçus miniatures dynamiques		OUI	OUI	OUI	OUI
Basculement utilisateur rapide		OUI	OUI	OUI	OUI
Création d'un réseau sans fil Ad Hoc		OUI	OUI	OUI	OUI
Aero Glass et navigation Windows avancée		OUI	OUI	OUI	OUI

Tab. 1.1 : Comparatif technique des versions de Windows 7

Fonctionnalités techniques différenciées	Starter Edition	Home Basic Edition	Home Premium Edition	Professionnelle Edition	Ultimate & Entreprise Edition
Partage de connexion Internet			OUI	OUI	OUI
Windows Touch			OUI	OUI	OUI
Créer un HomeGroup			OUI	OUI	OUI
Windows Media Center			OUI	OUI	OUI
Lecture et création de DVD			OUI	OUI	OUI
Impression dépendante de l'emplacement				OUI	OUI
Contrôle des stratégies de groupe et domaine joint				OUI	OUI
Sauvegarde avancée				OUI	OUI
Système de fichiers EFS				OUI	OUI
Bitlocket et Bitlocker to Go					OUI
Applocker					OUI
Direct Access					OUI
BranchCache					OUI

2

Transférez vos données vers votre nouvel ordinateur

Il existe deux possibilités de garder et continuer à utiliser ces anciens paramètres ainsi que ces anciennes données.

La première possibilité consiste à réaliser une mise à niveau de son ancien ordinateur vers Windows 7.

La seconde est celle qui deviendra de plus en plus courante dans les prochaines années. Elle consiste à migrer ses données et paramètres vers le nouvel ordinateur, ce qui permet de joindre l'utile à l'agréable.

Pour cela, vous disposez de plusieurs possibilités. À vous de choisir celle qui peut vous correspondre le mieux en fonction de votre situation. Pour cet exemple, nous avons choisi de vous expliquer la méthode la plus complexe. Partant de cette méthode, il ne vous suffira d'adapter qu'une ou deux étapes pour suivre les autres méthodes.

Comme pour le chapitre 3, nous avons choisi de considérer un ordinateur standard familial, celui possédant plusieurs utilisateurs et plusieurs disques avec des partages.

Cette étape est un peu plus complexe que celle décrite au chapitre 3 mais en cas de problème, vous ne risquez rien. Il vous suffira de recommencer les étapes depuis le début.

remarque

Migration des données et paramètres

La migration des données et paramètres ne peut se réaliser à partir d'un ordinateur fonctionnant sur batterie. L'utilitaire de migration va automatiquement vous demander de brancher votre ordinateur sur secteur.

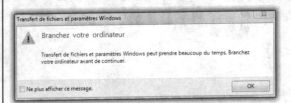

▲ Figure 2.1 : *Avertissement : Il n'est pas possible de démarrer une migration des paramètres si l'ordinateur n'est pas sur secteur*

2.1 Migration vers Windows 7

Pour procéder à la migration vers Windows 7 à partir d'une version antérieure de Windows, vous devez disposer d'un ordinateur avec une version prise en charge de Windows contenant les applications, les paramètres et les données à déplacer vers un nouvel ordinateur avec Windows 7. Les outils de migration de Windows 7 vous offrent trois possibilités pour la migration des paramètres et des fichiers :

- *Connexion réseau.* Dans le premier cas, les deux ordinateurs doivent être en mesure de communiquer directement de l'un à l'autre. Dans le second cas, si l'on utilise un partage réseau, les deux ordinateurs doivent être capables de mapper ce partage.

- *Support amovible* (par exemple clé USB ou disque dur externe).

- *CD ou DVD.*

Outre le choix de la méthode de transfert, vous avez le choix des outils de migration. L'Assistant Migration de PC est inclus dans Windows 7 mais également dans le DVD d'installation. Il vous permet de faire migrer les paramètres et les fichiers de tous vos utilisateurs d'un ordinateur vers un nouvel ordinateur.

Migration des utilisateurs

L'utilitaire fera migrer uniquement les utilisateurs ayant déjà ouvert une session dans le précédent système d'exploitation. Si par exemple, vous avez trois utilisateurs qui ouvrent des sessions sur le poste et un utilisateur que vous n'avez jamais utilisé et qui vous sert d'utilisateur de secours, seuls les trois utilisateurs seront migrés. Ceci est normal ; il n'y a pas eu de profil créé pour ce quatrième utilisateur.

L'Assistant Migration de PC de Windows 7 peut déplacer les paramètres suivants :

- les comptes des utilisateurs ;
- les fichiers et dossiers de tous les lecteurs ;
- les paramètres des programmes,
- les paramètres et Favoris Internet ;
- les paramètres de courrier électronique.

Transfert des fichiers et paramètres via le réseau

Le transfert s'effectue en deux étapes.

■ La première étape se déroule du côté Poste cible, c'est-à-dire le nouvel ordinateur qui exécute Windows 7. Il va s'agir de préparer le transfert ; dans notre cas, cela passera par le réseau. Une fois le mode de transfert sélectionné, l'ordinateur cible fournira une clé qui sera utilisée par l'ordinateur source pour initier le transfert.

■ Dans un second temps, l'ordinateur source utilisera la clé pour établir la communication entre les deux ordinateurs. Ensuite, il faudra sectionner les utilisateurs, les paramètres et les fichiers à transférer.

Avant de démarrer les étapes entre les deux postes, il est important de vérifier que ces derniers communiquent entre eux. Deux vérifications peuvent être réalisées. La première consiste à contrôler que les ordinateurs sont présents dans le voisinage réseau.

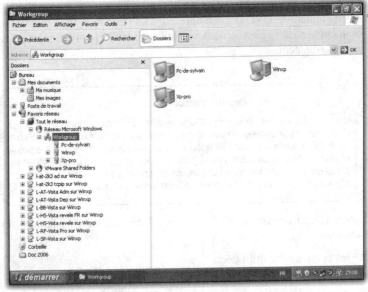

▲ Figure 2.2 : *Vérification de la présence des ordinateurs dans le voisinage réseau*

L'autre vérification consiste à faire un ping sur le second ordinateur. En cas de problème avec le ping, vérifiez que cela n'est pas lié au pare-feu :

```
C:\Documents and Settings\Sylvain>ipconfig

Configuration IP de Windows


Carte Ethernet Connexion au réseau local:

        Suffixe DNS propre à la connexion :
        Adresse IP. . . . . . . . . . . : 172.100.16.100
        Masque de sous-réseau . . . . . : 255.255.240.0
        Passerelle par défaut . . . . . : 172.100.16.1

C:\Documents and Settings\Sylvain>ping 172.100.16.75

Envoi d'une requête 'ping' sur 172.100.16.75 avec 32 octets de
✂ données :

Réponse de 172.100.16.75 : octets=32 temps=179 ms TTL=128
Réponse de 172.100.16.75 : octets=32 temps=156 ms TTL=128
Réponse de 172.100.16.75 : octets=32 temps=1074 ms TTL=128
Réponse de 172.100.16.75 : octets=32 temps=184 ms TTL=128

Statistiques Ping pour 172.100.16.75:
    Paquets : envoyés = 4, reçus = 4, perdus = 0 (perte 0%),
Durée approximative des boucles en millisecondes :
    Minimum = 156ms, Maximum = 1074ms, Moyenne = 398ms

C:\Documents and Settings\Sylvain>
```

Côté poste cible

1. Ouvrez l'Assistant Migration de PC sur votre ordinateur Windows-Vista. Cliquez sur **Démarrer**, sur **Tous les programmes** puis **Accessoires** et **Outils système** pour terminer sur **Transfert de paramètres et fichiers Windows** (voir Figure 2.3).

2. Au lancement de l'interface graphique de l'outil de transfert, la fenêtre **Contrôle du compte utilisateur** s'affiche. Cliquez sur **Continuer**. Dans la fenêtre **Transfert de fichiers et paramètres de Windows**, cliquez sur **Suivant** pour continuer (voir Figure 2.4).

▲ Figure 2.3 : *Lancement de l'utilitaire de transfert depuis Windows 7*

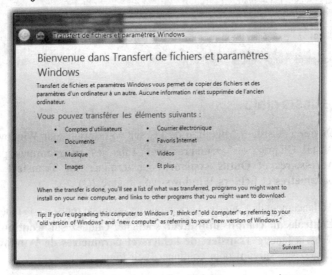

▲ Figure 2.4 : *Assistant de transfert de fichiers et paramètres*

3. Si des programmes sont ouverts, vous êtes invité à les fermer. Vous pouvez choisir d'enregistrer votre travail dans chaque programme, puis de les fermer individuellement. Vous pouvez également cliquer sur **Tout fermer** dans l'Assistant Migration de PC afin de fermer simultanément tous les programmes en cours d'exécution.

4. Dans la fenêtre **Voulez-vous commencer un nouveau transfert**, cliquez sur **Démarrer un nouveau transfert** afin de lancer le processus de préparation de l'Assistant Migration de PC pour la collecte des informations sur les ordinateurs existants.

5. Dans la fenêtre **Quel ordinateur utilisez-vous maintenant**, Cliquez sur **Mon nouvel ordinateur**.

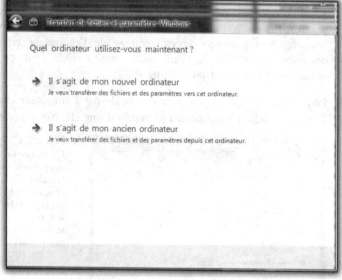

▲ Figure 2.5 : *Choix de l'ordinateur cible ou de l'ordinateur source pour le paramétrage de transfert*

6. Dans la fenêtre **Disposez-vous dans câble de transfert**, choisissez **Non, afficher d'autres options**.

7. Pour continuer, vous allez devoir anticiper le fait d'avoir déjà installé l'utilitaire de transfert sur votre ancien ordinateur. Pour cela, dans la fenêtre **Avez-vous installé Transfert de fichiers et paramètres Windows sur votre ancien ordinateur ?**, sélectionnez **Oui, je l'ai installé**.

8. C'est à ce stade du paramétrage que vous pouvez sélectionner le mode de transfert, soit en réseau par un support de type CD ou DVD. Sélectionnez **Oui, je vais transférer des fichiers et paramètres via le réseau**.

9. Il va s'agir de sécuriser l'échange entre les deux ordinateurs. Pour cela, vous disposerez d'une clé commune aux deux ordinateurs. Deux choix s'offrent à vous. Vous avez la possibilité de cliquer sur **Non, j'ai besoin d'une clé**. Dans ce cas, l'utilitaire va générer une clé que vous pourrez fournir à l'ordinateur source. Seconde possibilité ; vous démarrez simultanément le paramétrage de l'ordinateur cible et demandez par le biais de l'ordinateur source une clé. Dans ce cas, sélectionnez **Oui, je dispose d'une clé**.

10. Pour notre exemple, la clé sera demandée par l'ordinateur cible à l'utilitaire. Sélectionnez **Non, j'ai besoin d'une clé**. Notez la clé.

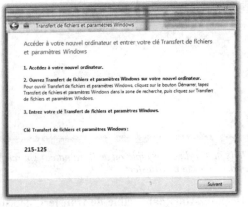

◄ Figure 2.6 : *L'ordinateur vous donne une clé aléatoire composée de chiffres et de lettres en majuscules et minuscules*

La seconde partie va se dérouler à partir du poste source.

Côté poste source

1. Démarrez l'Assistant Migration de PC sur l'ordinateur à partir duquel vous souhaitez faire migrer les paramètres et les fichiers en accédant au support amovible ou au lecteur réseau contenant les fichiers de l'Assistant. Double-cliquez sur **migwiz.exe**.

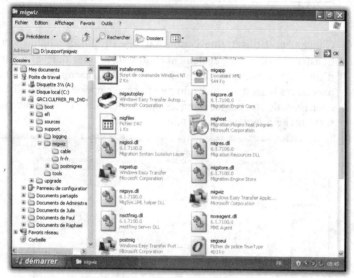

▲ Figure 2.7 : *L'exécutable Migwiz.exe provenant du DVD d'installation de Windows 7 dans le répertoire support\migwiz*

2. Au lancement de l'interface graphique de l'outil de transfert, cliquez sur **Suivant** pour continuer. Si des programmes sont ouverts, vous êtes invité à les fermer. Vous pouvez choisir d'enregistrer votre travail dans chaque programme, puis de les fermer individuellement, ou vous pouvez cliquer sur **Tout fermer** dans l'Assistant Migration de PC afin de fermer simultanément tous les programmes en cours d'exécution.

3. Dans la fenêtre **Choisissez la méthode de transfert des fichiers et des paramètres vers le nouvel ordinateur**, sélectionnez **Transférer directement, en utilisant une connexion réseau**.

Méthode de transfert

Les deux ordinateurs doivent prendre en charge la méthode de transfert choisie. Par exemple, les deux ordinateurs doivent être connectés au même réseau.

4. Cliquez sur **Utiliser une connexion réseau** afin de commencer le transfert. Vous pouvez également cliquer sur **Copier dans et à partir d'un emplacement réseau** si vous souhaitez stocker les fichiers et paramètres dans un fichier afin de le charger ultérieurement. Si vous choisissez de stocker les données dans un emplacement réseau, vous serez invité à indiquer le chemin.

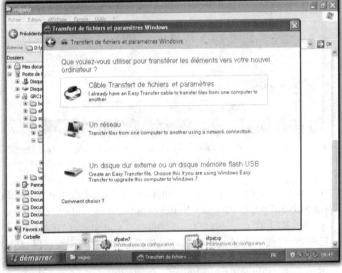

▲ Figure 2.8 : *Sélection du mode de transfert, directement de PC à PC ou de l'ordinateur source vers un partage réseau commun*

5. Dans la partie précédente, l'utilitaire avait posé la question : Avez-vous ou souhaitez-vous une clé ? Nous en avions demandé une. Dans la fenêtre **Disposez-vous d'une clé Transfert de fichiers et paramè-**

tres Windows ?, cliquez sur **Oui, je dispose d'une clé puis saisissez la clé** afin de pouvoir créer la communication entre les deux ordinateurs et continuer.

6. Saisissez la clé demandée et cliquez sur **Suivant**.

7. Puisque la communication entre les deux ordinateurs est réalisée, arrive le choix de ce qui doit être transféré. Trois possibilités. Cliquez sur **Tous les comptes d'utilisateurs, fichiers et paramètres (recommandé)** afin de transférer tous les fichiers et paramètres. Vous pouvez également choisir de déterminer exactement les fichiers à faire migrer, en cliquant sur **Uniquement mon compte d'utilisateur, mes fichiers et mes paramètres** ou sur **Options avancées**.

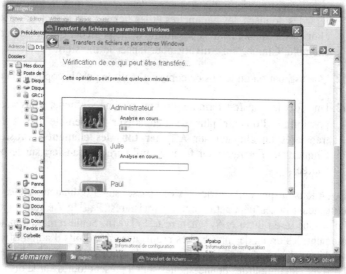

▲ Figure 2.9 : *Analyse des utilisateurs présents sur l'ancien ordinateur*

8. Dans notre cas, nous allons choisir de tout transférer ; vous devez donc choisir **Tous les comptes d'utilisateurs, fichiers et paramètres (recommandé)**.

9. Examinez la liste des fichiers et paramètres à transférer puis cliquez sur **Transférer** pour lancer le transfert. Malgré le fait d'avoir sélectionné **Tous les comptes d'utilisateurs, fichiers et paramètres (recommandé)**, vous avez la possibilité de personnaliser votre sélection. Cela peut vous permettre d'ajouter des données qui ne se trouvent pas forcément dans les paramètres utilisateurs. Pour cela, cliquez sur **Options avancées** puis sur **Ajouter des répertoires**.

10. Choisissez **Entrez un nouveau nom d'utilisateur ou sélectionnez-le dans la liste**. Dans cette fenêtre, vous avez la possibilité de renommer les comptes que vous avez sélectionnés précédemment et de donner le nouveau nom qu'ils porteront sur l'ordinateur cible. Cliquez sur **Suivant**.

11. Dans le cas où vous posséderiez plusieurs lecteurs logiques ou simplement plusieurs disques durs, vous avez la possibilité de transférer les données, les paramètres et les fichiers sur le lecteur de votre choix. Vous avez même la possibilité de ne posséder qu'un lecteur par exemple. Cliquez sur **Suivant** pour lancer le transfert.

12. Une estimation du temps de copie est réalisée puis la copie est lancée.

13. Une fois le transfert terminé, un bref résumé s'affiche. Vous avez la possibilité d'obtenir plus de détails sur l'ensemble des fichiers transférés en cliquant sur **Afficher tous les éléments transférés**. Cliquez sur **Fermer** pour fermer l'utilitaire de transfert sur le poste source.

Regardons à présent ce qu'il s'est passé sur l'ordinateur cible. Les utilisateurs et les paramètres ont été transférés. Paul a été renommé en Polo, Julie en Juju et Sylvain reste Sylvain. Seule remarque pour le moment, les droits des profils. Les profils avec des droits d'administrateur au départ du transfert se retrouvent avec des droits de simple utilisateur à l'arrivée. Idem pour les données, elles sont à présent toutes sur le disque C.

Transfert des fichiers et paramètres à l'aide d'un support amovible

Nous venons de voir en détail comment transférer les utilisateurs, les paramètres et les données de poste à poste mais il existe d'autres méthodes. Le transfert à l'aide d'un support amovible en est une. Et selon les différentes méthodes, seuls deux ou trois paramètres changent, mais le principe entre le poste source et le poste cible ne change pas (c'est d'ailleurs pour cela que nous avons passé du temps sur ce sujet). Pour ne pas répéter tout ce qui a été écrit précédemment, nous allons parcourir un peu plus rapidement les deux méthodes restantes.

1. Démarrez l'Assistant Migration de PC sur l'ordinateur à partir duquel vous souhaitez faire migrer les paramètres et les fichiers en accédant au support amovible ou au lecteur réseau contenant les fichiers de l'Assistant. Double-cliquez sur **migwiz.exe**.

2. Si des programmes sont ouverts, vous êtes invité à les fermer. Vous pouvez choisir d'enregistrer votre travail dans chaque programme, puis de les fermer individuellement. Vous pouvez aussi cliquer sur **Tout fermer** dans l'Assistant Migration de PC afin de fermer simultanément tous les programmes en cours d'exécution. Cliquez sur **Suivant**.

3. Déterminez la méthode de transfert à utiliser. Cliquez sur **Sur un CD ou un autre support amovible, tel qu'un lecteur flash**.

> **Support**
>
> Les deux ordinateurs doivent prendre en charge la méthode de transfert choisie. Par exemple, ils doivent prendre en charge le même type de support amovible.

4. Cliquez sur **Vers un lecteur réseau** afin d'enregistrer les fichiers dans un dossier réseau ou un dossier sur un lecteur amovible.

5. Dans **Où souhaitez-vous enregistrer vos fichiers**, saisissez le chemin d'un dossier sur le lecteur amovible. Cliquez sur **Suivant**.

6. Cliquez sur **Tous les comptes d'utilisateurs, fichiers et paramètres (recommandé)** afin de transférer tous les fichiers et paramètres. Vous pouvez également choisir de déterminer exactement les fichiers à faire

migrer, en cliquant sur **Seulement mon compte utilisateur, mes fichiers et mes paramètres de programme** ou sur **Personnalisé**.

7. Examinez la liste des fichiers et paramètres à transférer puis cliquez sur **Démarrer** pour lancer le transfert. Cliquez sur **Personnaliser** si vous souhaitez ajouter ou supprimer des fichiers ou des paramètres.

8. Cliquez sur **Fermer** une fois que l'Assistant Migration de PC a terminé la copie des fichiers.

9. Déplacez le support amovible vers le nouvel ordinateur et lancez l'Assistant Migration de PC. Cliquez sur **Suivant**.

10. Cliquez sur **Continuer un transfert en cours**.

11. Dans **Où avez-vous copié vos fichiers**, cliquez sur **Support amovible**. Si l'option *Support amovible* n'est pas disponible, cliquez sur **Lecteur réseau**. Cliquez sur **Suivant**.

12. Dans **Localisez vos fichiers enregistrés**, saisissez le chemin vers vos fichiers enregistrés ou cliquez sur **Parcourir**. Cliquez sur **Suivant** une fois que vous avez localisé les fichiers.

13. Choisissez sur le nouvel ordinateur des noms d'utilisateurs qui correspondent à ceux de l'ancien ordinateur. Vous pouvez être amené à créer de nouveaux comptes lors de cette étape. Saisissez un nom d'utilisateur afin de créer un compte sur l'ordinateur local. Saisissez un nom d'utilisateur afin de créer un profil.

14. Dans **Choisissez les lecteurs pour les fichiers sur votre nouvel ordinateur**, sélectionnez le lecteur de destination pour chaque emplacement du lecteur source. Par exemple, pour les fichiers provenant du lecteur D: de votre ancien ordinateur, vous devez indiquer vers quel lecteur ils doivent être déplacés sur le nouvel ordinateur.

15. Examinez la liste des fichiers et paramètres à transférer puis cliquez sur **Démarrer** pour lancer le transfert. Cliquez sur **Personnaliser** si vous souhaitez ajouter ou supprimer des fichiers ou des paramètres.

16. Cliquez sur **Fermer** une fois que l'Assistant Migration de PC a terminé la copie des fichiers.

Transfert des fichiers et paramètres à l'aide d'un CD ou DVD

Pour clôturer la partie sur les transferts de ce chapitre, voici de manière très rapide la dernière méthode, par CD ou DVD.

1. Démarrez l'Assistant Migration de PC sur l'ordinateur à partir duquel vous souhaitez faire migrer les paramètres et les fichiers en accédant au support amovible ou au lecteur réseau contenant les fichiers de l'Assistant. Double-cliquez sur **migwiz.exe**.

2. Si des programmes sont ouverts, vous êtes invité à les fermer. Vous pouvez choisir d'enregistrer votre travail dans chaque programme, puis de les fermer individuellement, ou vous pouvez cliquer sur **Fermer tout** dans l'Assistant Migration de PC afin de fermer simultanément tous les programmes en cours d'exécution. Cliquez sur **Suivant**.

3. Déterminez la méthode de transfert à utiliser. Cliquez sur **Graver un CD ou un DVD**.

Support

Les deux ordinateurs doivent prendre en charge la méthode de transfert choisie. Par exemple, ils doivent être équipés d'un lecteur de CD ou de DVD.

4. Dans **Choisissez votre support**, saisissez le chemin vers le support CD ou DVD réinscriptible. Cliquez sur **Suivant**.

5. Cliquez sur **Tous les comptes d'utilisateurs, fichiers et paramètres (recommandé)** afin de transférer tous les fichiers et paramètres. Vous pouvez également choisir de déterminer exactement les fichiers à faire migrer, en cliquant sur **Seulement mon compte utilisateur, mes fichiers et mes paramètres de programme** ou sur **Personnalisé**.

6. Examinez la liste des fichiers et paramètres à transférer, puis cliquez sur **Démarrer** pour lancer le transfert. Cliquez sur **Personnaliser** si vous souhaitez ajouter ou supprimer des fichiers ou des paramètres. S'il n'y a pas suffisamment d'espace disponible sur le support réinscriptible, l'Assistant Migration de PC indique le nombre de disques vierges nécessaires.

7. Cliquez sur **Suivant** une fois le processus de gravure du CD ou du DVD terminé.

8. Cliquez sur **Fermer** une fois que l'Assistant Migration de PC a terminé la copie des fichiers.

9. Déplacez le CD ou le DVD vers le nouvel ordinateur et lancez l'Assistant Migration de PC. **Cliquez** sur Suivant.

10. Cliquez sur **Continuer un transfert en cours**.

11. Dans **Où avez-vous copié vos fichiers**, cliquez sur **Lire le CD ou le DVD**.

12. Dans **Choisissez votre support**, sélectionnez la lettre d'unité du lecteur de CD ou de DVD où se trouve le disque. Cliquez sur **Suivant** une fois que vous avez localisé les fichiers.

13. Choisissez, sur le nouvel ordinateur, des noms d'utilisateurs qui correspondent à ceux de l'ancien ordinateur. Vous pouvez être amené à créer de nouveaux comptes lors de cette étape. Tapez un nom d'utilisateur afin de créer un compte sur l'ordinateur local.

14. Dans **Choisissez les lecteurs pour les fichiers sur votre nouvel ordinateur**, sélectionnez le lecteur de destination pour chaque emplacement du lecteur source. Par exemple, pour les fichiers provenant du lecteur D: de votre ancien ordinateur, vous devez indiquer vers quel lecteur ils doivent être déplacés sur le nouvel ordinateur.

15. Examinez la liste des fichiers et paramètres à transférer. Cliquez sur **Démarrer** pour lancer le transfert. Cliquez sur **Personnaliser** si vous souhaitez ajouter ou supprimer des fichiers ou des paramètres.

16. Cliquez sur **Fermer** une fois que l'Assistant Migration de PC a terminé la copie des fichiers.

3

Installez Windows 7

Bien souvent, à force d'installer ou désinstaller des programmes sur son ordinateur, il arrive que celui-ci ait des problèmes de fonctionnement ou tout simplement, ne soit plus à la hauteur des performances qu'on attend de lui. Le démarrage devient très long, le lancement d'un programme interminable ; bref, la réinstallation de Windows 7 devient nécessaire.

Cependant, avant d'installer ou réinstaller Windows 7, il est nécessaire de prendre un certain nombre d'éléments en compte. Bien que cela ne soit pas très compliqué, ce chapitre a pour objectif de vous accompagner et vous faire gagner du temps dans la réinstallation de Windows 7.

À travers quelques questions, il vous permettra d'abord de dresser une liste de contrôle.

3.1   Liste de contrôle

- Possédez-vous le DVD de réinstallation ainsi que la clé associée à ce DVD ?
- Possédez-vous les logiciels et codes d'accès vous permettant d'accéder à Internet ?
- Avez-vous réalisé une sauvegarde de vos fichiers les plus importants ?
- Possédez-vous le CD de réinstallation de votre antivirus ?
- Possédez-vous les CD de vos programmes les plus importants ?
- Possédez-vous les pilotes de tous les périphériques que Windows 7 ne prend pas en charge ?

Une fois tous ces points contrôlés, vous pouvez vous lancer dans la réinstallation de votre ordinateur.

Installer Windows en procédant à une nouvelle installation

Lorsque vous installez Windows en procédant à une nouvelle installation, votre version existante de Windows (incluant tous vos fichiers, paramètres et programmes) est automatiquement remplacée. Vous pouvez sauvegarder vos fichiers et vos paramètres, mais vous devrez réinstaller manuellement vos programmes une fois l'installation terminée.

3.2 Installation détaillée

L'installation standard de Windows 7 ne déroge pas aux règles de simplicité ; il vous suffit de démarrer l'ordinateur avec le DVD d'installation pour que celle-ci se réalise presque seule. Il vous sera demandé d'entrer le numéro de série et de répondre à trois ou quatre questions : pays, nom, mot de passe, etc.

Le premier changement qui distingue Windows 7 de Windows Vista est que Windows 7 prend en compte votre configuration Internet dès l'installation. Ainsi, il peut à partir de son premier démarrage se mettre automatiquement à jour au niveau de la sécurité et de fait, vous garantir que votre ordinateur est assez sécurisé pour effectuer ses premiers pas sur Internet.

Pour lancer l'installation, procédez ainsi :

1. Démarrez le programme d'installation de Windows 7 en insérant le DVD puis redémarrez votre ordinateur.

▲ Figure 3.1 : *Initialisation de l'installation de Windows 7*

2. Sélectionnez la langue et les paramètres régionaux et cliquez sur **Suivant**.

▲ Figure 3.2 : *Sélection des paramètres régionaux : la langue, les paramètres liés au pays et le clavier*

3. À l'invite d'installation, cliquez sur **Installer**.

▲ Figure 3.3 : *Invite d'installation de Windows 7*

4. Windows 7 ne déroge pas à la règle. Dans la fenêtre **Veuillez lire le contrat de licence**, lisez et acceptez les termes du contrat de licence. Cochez la case *J'accepte les termes du contrat de licence* (indispensable pour continuer). Cliquez sur **Suivant**. Si vous ne validez pas cette option, vous serez obligé de mettre fin au programme d'installation de Windows 7.

◄ Figure 3.4 :
Validation des accords de licence

5. À la question *Quel type d'installation voulez-vous effectuer ?*, deux choix s'offrent à vous : *Mise à niveau* ou *Personnalisée (options avancées)*. Sélectionnez *Personnalisée (options avancées)*.

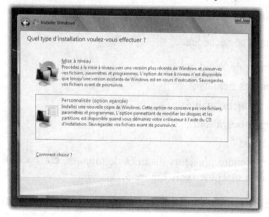

◄ Figure 3.5 :
Sélection de l'installation personnalisée

6. À la question *Où souhaitez-vous installer Windows ?*, cliquez sur *Options de lecteurs (avancées)* pour personnaliser la taille de la partition d'installation.

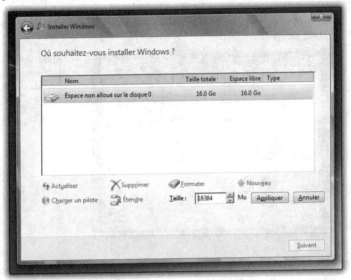

▲ Figure 3.6 : *Personnalisation de la taille de la partition d'installation*

7. Cliquez sur **Suivant** pour démarrer la copie des fichiers.

Les étapes suivantes se succèdent :

- copie des fichiers de Windows ;
- décompression des fichiers ;
- installation des fonctionnalités ;
- installation des mises à jour ;
- fin de l'installation.

L'installation peut prendre plusieurs dizaines de minutes, en fonction de la puissance de votre machine (voir Figure 3.7).

8. Dans la fenêtre **Configurez Windows**, saisissez votre nom d'utilisateur et le nom d'ordinateur puis cliquez sur **Suivant** (voir Figure 3.8).

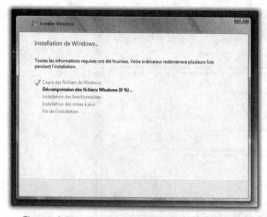

▲ Figure 3.7 : *Lancement de l'installation standard de Windows 7*

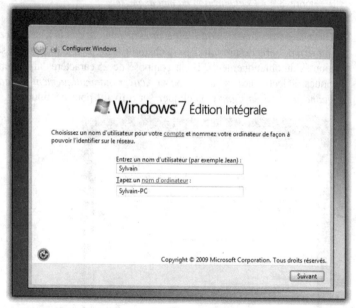

▲ Figure 3.8 : *Fenêtre Windows 7*

9. Entrez un mot de passe. Confirmez ce mot de passe puis cliquez sur **Suivant**.

▲ Figure 3.9 : *Configuration du mot de passe*

10. Dans la partie *Tapez votre clé de produit pour activation*, saisissez le numéro de série du produit dans le champ *Clé de produits* (les tirets sont ajoutés automatiquement). Il est composé de 25 caractères alphanumériques. Sélectionnez la case à cocher *Activer automatiquement Windows quand je serai en ligne* puis cliquez sur **Suivant** pour continuer.

▲ Figure 3.10 : *La fenêtre de saisie pour le déblocage de la version de Windows 7*

11. Choisissez ou non d'activer et de configurer le pare-feu. Il est recommandé de conserver l'option *Utiliser les paramètres recommandés.*

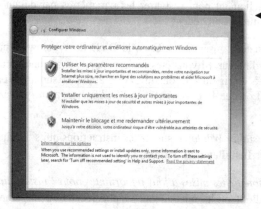

◄ Figure 3.11 :
Fenêtre de paramétrage pour protéger et améliorer automatiquement la sécurité de Windows 7

12. Configurez la **Date** et le **Fuseau horaire**.

◄ Figure 3.12 :
Réglage de l'heure et de la date

13. Démarrez Windows 7 en cliquant sur l'icône *Windows*. Le premier écran vous demande d'entrer votre mot de passe. La configuration de votre Bureau commence.

3.3 Réinstallation de Windows 7

Si vous souhaitez réinstaller Windows en procédant à une nouvelle installation, éventuellement pour restaurer les paramètres par défaut de Windows, voici comment procéder :

1. Allumez l'ordinateur, insérez le CD ou le DVD de Windows 7 puis redémarrez l'ordinateur. Si vous êtes invité à appuyer sur une touche pour démarrer à partir du CD ou du DVD, appuyez sur n'importe quelle touche. Lorsque la page *Installer Windows* apparaît, passez à l'étape 2.

2. Dans la page *Installer Windows*, suivez les instructions qui s'affichent puis cliquez sur **Installer maintenant**.

3. Dans la page *Obtenir les mises à jour importantes pour l'installation*, il est conseillé d'obtenir les mises à jour les plus récentes pour garantir la réussite de l'installation et contribuer à protéger votre ordinateur des menaces de sécurité. Vous avez besoin d'une connexion Internet pour obtenir les mises à jour d'installation.

4. Dans la page *Tapez votre clé de produit pour l'activation*, entrez les 25 caractères composant votre clé de produit avant de poursuivre l'installation.

5. Dans la page *Veuillez lire le contrat de licence*, si vous acceptez les termes du contrat, cliquez sur **J'accepte les termes du contrat de licence**.

6. Suivez les instructions qui s'affichent sur chaque page. Dans la page *Quel type d'installation voulez-vous effectuer ?*, cliquez sur **Personnalisée**.

7. Dans la page *Où souhaitez-vous installer Windows?*, cliquez sur **Options de lecteurs (avancées)**. Sélectionnez la partition sur laquelle vous voulez installer Windows puis cliquez sur **Formater**. Cette action supprime tous les fichiers sur la partition sélectionnée afin que vous puissiez installer Windows sur une partition nettoyée.

8. Une fois le formatage terminé, sélectionnez la partition que vous venez de formater comme étant l'emplacement dans lequel vous voulez installer Windows. Cliquez sur **Suivant** pour commencer l'installation. Il est possible qu'un rapport de compatibilité s'affiche.

9. Suivez les instructions.

10. Une fois Windows 7 réinstallé, installez votre antivirus avant votre connexion Internet. Installez votre connexion Internet si vous en possédez une.

11. Connectez-vous à Internet pour activer Windows 7 afin d'activer votre antivirus et mettre les produits installés à jour.

12. Lorsque ces étapes sont terminées, vous pouvez procéder à l'installation de vos logiciels et restaurer vos données si vous aviez réalisé une sauvegarde.

3.4 Mettre votre ordinateur à niveau

La mise à niveau vers Windows 7 n'est pas une opération complexe. Cependant, il n'est pas possible de mettre à niveau n'importe quelle version de système d'exploitation Microsoft vers n'importe quelle version de Windows 7.

Voici un tableau récapitulatif :

Tab. 3.1 : Installation et mise à niveau vers Windows 7 à partir d'un système Windows XP déjà existant				
Windows XP Professional	Nécessite une nouvelle installation	Nécessite une nouvelle installation	Mise à niveau possible sur la version existante	Mise à niveau possible sur la version existante
Windows XP Familial	Mise à niveau possible sur la version existante	Mise à niveau possible sur la version existante	Mise à niveau possible sur la version existante	Mise à niveau possible sur la version existante

Tab. 3.1 : Installation et mise à niveau vers Windows 7 à partir d'un système Windows XP déjà existant

Windows XP Professional	Nécessite une nouvelle installation	Nécessite une nouvelle installation	Mise à niveau possible sur la version existante	Mise à niveau possible sur la version existante
Windows XP Media Center	Nécessite une nouvelle installation	Mise à niveau possible sur la version existante	Nécessite une nouvelle installation	Mise à niveau possible sur la version existante
Windows XP Tablet PC	Nécessite une nouvelle installation	Nécessite une nouvelle installation	Mise à niveau possible sur la version existante	Mise à niveau possible sur la version existante
Windows XP Professionnel x64	Nécessite une nouvelle installation	Nécessite une nouvelle installation	Nécessite une nouvelle installation	Nécessite une nouvelle installation

Une fois l'analyse du tableau réalisée, il est nécessaire d'effectuer quelques tâches préliminaires comme l'évaluation de la configuration requise ou la validation de la version vers laquelle vous souhaitez mettre l'ordinateur à jour. Pour cela Microsoft propose un outil.

Deuxième étape importante : la sauvegarde des données. C'est seulement après avoir réalisé les deux étapes préliminaires que vous pourrez passer à l'étape 3 qui consiste à mettre à niveau un ordinateur possédant déjà un système d'exploitation vers Windows 7.

Étape 1 : Évaluation de la configuration matérielle requise

Cette étape se décompose en deux parties. La première partie consiste à valider les prérequis de la configuration retenue pour la mise à niveau vers Windows 7. La seconde étape est destinée à valider par l'outil **Upgrade Advisor** ou **Conseiller de mise à niveau** que la version peut être prise en charge par le matériel actuel. La fonction première du Conseiller de mise à niveau est de qualifier les ordinateurs en fonction des différentes versions de Windows 7. Parmi les différentes déclinaisons, Windows 7 s'appuie sur deux versions pour fixer les prérequis matériels. Windows 7 Upgrade Advisor contrôle la partie système, les périphériques et les programmes.

À partir de Windows 7 Familiale Basic

Windows 7 Familiale Basic est la première version à fonctionner sur des ordinateurs classiques. Elle fonctionne avec les prérequis suivants :

- un CPU d'au moins 800 MHz ;
- 512 Mo de mémoire ;
- une carte graphique DirectX 9 ;
- un disque de 20 Go, avec 15 Go de libre.

Elle offre uniquement les fonctions de base de Windows 7.

À partir de Windows 7 Familiale Premium

La version Windows 7 Home Premium est quant à elle la première version multimédia de Windows 7. Elle permet d'activer les fonctions graphiques. Le pilote WDDM permet d'étendre le Bureau, ce qui apporte plusieurs fonctionnalités comme la transparence, mais aussi et surtout la composition du Bureau au sein de la carte graphique. Le pilote va permettre aux processeurs graphiques de délester les processeurs centraux.

Cette version fonctionne avec les prérequis supplémentaires suivants :

- un CPU d'au moins 1 GHz ;
- 1 Go de mémoire ;
- une carte graphique PCI Express ou AGP8x avec pilote WDDM.

Installer le Conseiller de mise à niveau Windows 7

Téléchargement du Conseiller de mise à niveau Windows 7

http://www.microsoft.com/downloads/details.aspx?
displaylang=en&FamilyID=1b544e90-7659-4bd9-9e51-2497c146af15

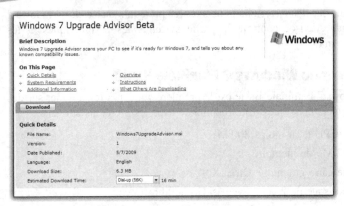

▲ Figure 3.13 : *Page de téléchargement de l'utilitaire Upgrade Advisor en français, le Conseiller de mise à niveau*

Sur le site, cliquez sur le lien `Téléchargez le Conseiller de mise à niveau Windows 7` pour que le téléchargement se lance.

Windows 7 Upgrade Advisor fonctionne uniquement avec Windows XP. Il n'est pas possible de le faire fonctionner avec Windows 98 ou Windows 2000.

Pour l'installer, procédez comme suit :

1. Lancez l'exécutable *Windows7UpgradeAdvisor*. Une fenêtre d'avertissement de sécurité s'ouvre. Cliquez sur **Exécuter**.

▲ Figure 3.14 : *La fenêtre d'avertissement de sécurité de l'installation du Conseiller de mise à niveau Windows 7*

2. Dans la fenêtre **Assistant Installation du Conseiller de mise à niveau Windows 7**, cliquez sur **Suivant** pour continuer.

▲ Figure 3.15 : *La fenêtre de l'Assistant d'installation*

3. Dans la fenêtre **Contrat de licence**, sélectionnez **J'accepte** pour valider les termes de licence et cliquez sur **Suivant**.

▲ Figure 3.16 : *Validation du contrat de licence*

4. Dans la fenêtre **Sélection du dossier d'installation**, gardez le répertoire par défaut et cliquez sur **Suivant**. Si vous souhaitez modifier le chemin d'installation, cliquez sur **Parcourir**, sélectionnez le nouveau chemin et cliquez sur **Suivant**.

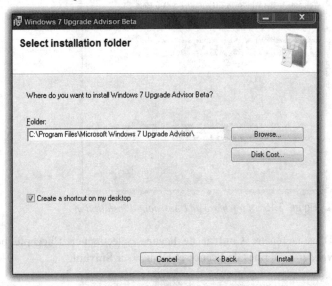

▲ Figure 3.17 : *Sélection du dossier d'installation*

5. L'Assistant d'installation vous propose de créer un raccourci sur votre Bureau en sélectionnant par défaut l'option *Créer un raccourci sur le bureau*. Si vous ne souhaitez pas voir de raccourci, cliquez sur **Ne pas créer de raccourci sur le bureau** puis sur **Suivant** pour continuer.

6. Pour terminer l'installation, cliquez sur **Fermer**.

Utiliser le Conseiller de mise à niveau Windows 7

Le Conseiller de mise à niveau Windows 7 permet également de vous aider à choisir la version qu'il vous faut en fonction de vos besoins, en termes de multimédia, de connectivité ou encore d'accès à l'information. Que puis-je faire à l'intérieur de l'entreprise ? Il va déterminer en fonction des activités la version en adéquation avec ces besoins. Il est capable également de mettre un certain nombre de points bloquants en avant.

À présent, vous allez utiliser le Conseiller de mise à niveau Windows 7 au travers de plusieurs étapes.

1. Pour lancer le programme, cliquez sur le menu **Démarrer/Tous les programmes/Conseiller de mise à niveau Windows 7** ou cliquez sur le raccourci si vous avez sélectionné l'option durant l'installation.

◄ Figure 3.18 :
Le raccourci du Conseiller de mise à niveau Windows 7 sur le Bureau

2. Démarrez l'analyse de votre ordinateur en cliquant sur **Démarrer l'analyse**. Cette analyse peut être réalisée à partir de Windows XP évidemment, mais également depuis un ordinateur possédant une version de Windows 7 que vous souhaitez faire évoluer vers une version plus élaborée.

▲ Figure 3.19 : *Lancement de l'analyse de votre ordinateur*

Le Conseiller de mise à niveau Windows 7 se connecte à Internet pour actualiser sa base. Ensuite, il commence à analyser votre ordinateur en fonction de quatre déclinaisons de Windows 7 : Intégrale, Familial Premium, Professionnel et Familial Basic.

Une fois l'analyse terminée, le programme affiche la version de Windows 7 la mieux adaptée à votre ordinateur ainsi que trois rapports détaillés.

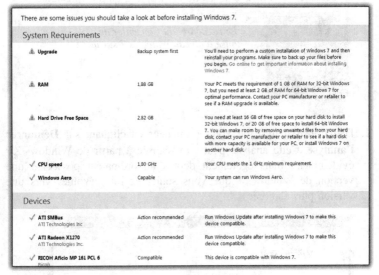

▲ Figure 3.20 : *Rapport du Conseiller de mise à niveau*

4

Découvrez le Bureau de Windows 7

Le Bureau de Windows 7 se dote d'une nouvelle interface graphique. Cette interface a été conçue pour vous permettre de visualiser, trouver et organiser vos informations en un clin d'œil, et de garder le contrôle de vos contenus numériques. C'est dans le but d'accroître la productivité et l'efficacité de l'utilisateur que ces nouveautés ont fait leur apparition.

Les nouveautés visuelles de Windows 7 vous aident à améliorer votre expérience et votre façon de travailler en personnalisant les différents éléments de l'environnement graphique, de manière à ce que vous puissiez vous concentrer sur le contenu affiché plutôt que sur la façon d'y accéder. Le Bureau est désormais davantage informatif, intuitif et pratique ; l'accès aux informations stockées dans votre ordinateur s'est amélioré afin que vous puissiez déterminer le contenu d'un fichier sans l'ouvrir, rechercher des applications et des fichiers instantanément et naviguer efficacement dans les fenêtres ouvertes.

L'interface graphique est vraiment ce que l'on remarque en premier dans un système d'exploitation ; elle suit le système d'exploitation durant toute sa durée de vie. Son importance est capitale. Voici en quoi le Bureau de Windows 7 apporte des améliorations notables dans ce domaine.

4.1 Le Bureau de Windows 7

Voici le Bureau de Windows 7 :

▲ Figure 4.1 : *Le Bureau de Windows 7*

Vous remarquez tout de suite le côté très dépouillé et "agréable". Une nouvelle Barre des tâches, décrite un peu plus loin, plus large, avec des icônes de programmes ouverts plus carrées en apparence afin de permettre une utilisation avec le doigt sur les ordinateurs compatibles. Seule la Corbeille trône sur le Bureau. Vous remarquez aussi un magnifique fond d'écran, de base avec Windows 7. Microsoft a passé un accord avec *National Geographic* et propose avec Windows 7 des fonds d'écran spécifiques au pays d'installation (ici, le Pont du Gard).

Voici quelques manipulations qui vous permettront de prendre en main le nouveau Bureau.

Cliquez du bouton droit sur le Bureau.

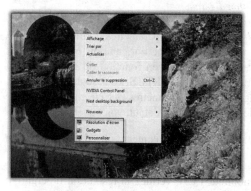

◄ Figure 4.2 :
*Menu contextuel
du Bureau de
Windows 7*

C'est une nouveauté de Windows 7, les paramètres de personnalisation du Bureau ne sont plus regroupés dans un seul outil **Personnalisation** comme dans Windows Vista mais éclatent en 3 liens :

- **Résolution d'écran** ;
- **Gadgets** ;
- **Personnaliser**.

Résolution d'écran

Procédez ainsi :

1. Cliquez du bouton droit sur le Bureau.

2. Cliquez sur **Résolution d'écran**.

▲ Figure 4.3 : *Résolution d'écran*

Dans cet outil, Windows 7 sélectionne les paramètres d'affichage les plus adaptés, notamment la résolution d'écran, l'orientation en fonction de votre moniteur. Ces paramètres diffèrent en fonction du moniteur dont vous disposez (écran plat LCD ou à tube CRT). Si vous souhaitez modifier les paramètres d'affichage ou si ces paramètres ont été modifiés et que vous souhaitiez rétablir les paramètres par défaut, voici quelques conseils.

Pour les deux types de moniteur, généralement, plus la résolution en points par pouce (ppp) est élevée, plus les polices sont claires.

Si vous disposez d'un moniteur LCD, vérifiez la résolution d'écran qui permet de déterminer la clarté des images et des objets à l'écran. Il est recommandé de définir la résolution native qui est la résolution d'un moniteur conçue pour un affichage optimal en fonction de la taille du moniteur, pour les moniteurs LCD. Le fabricant ou revendeur du moniteur doit être en mesure de fournir la résolution native. Si vous n'obtenez pas cette information, essayez de configurer le moniteur à la résolution la plus élevée disponible, qui correspond généralement à la résolution native.

Tab. 4.1 : Résolution basée sur la taille du moniteur	
Taille du moniteur	Résolution recommandée
Moniteur 15 pouces	1 024 × 768
Moniteur 17 à 19 pouces	1 280 × 1 024

Tab. 4.1 : Résolution basée sur la taille du moniteur	
Taille du moniteur	Résolution recommandée
Moniteur 20 pouces et plus grand	1 600 × 1 200

Dans la section *Affichage*, vous pouvez sélectionner votre moniteur (si vous en avez plusieurs). Vous pouvez cliquer sur **Détecter** et/ou **Identifier** pour sélectionner votre moniteur.

Dans la section *Orientation*, vous pouvez changer l'orientation du Bureau. Cela est plus utile pour des ordinateurs de type tablette graphique.

En cliquant sur **Paramètres avancés**, vous retrouvez les informations et options détaillées de la carte graphique ; le pilote par exemple.

Les Gadgets

Procédez ainsi :

1. Cliquez du bouton droit sur le Bureau.

2. Cliquez sur **Gadgets**.

▲ Figure 4.4 : *La fenêtre des gadgets Windows 7*

Les gadgets sont de retour avec Windows 7. Comme ils étaient de la partie avec Windows Vista. Par contre, grande différence, il n'y a plus le volet Windows. Vous pouvez donc les positionner où vous le souhaitez sur le Bureau.

Les gadgets sont des mini-applications légères et spécialisées qui vous apportent en quelques secondes des informations pertinentes, réalisent vos actions favorites à tout moment, vous connectent à vos services préférés et restent visibles et accessibles sur le Bureau de Windows 7 en permanence. Au menu, vous pourrez trouver par défaut un mini cadre photo, les commandes de Windows Media Center, une horloge, un service de météo, un calendrier, etc.

Pour ajouter un gadget au Bureau :

1. À partir de la fenêtre des gadgets, sélectionnez le gadget disponible que vous souhaitez ajouter et faites un glisser-déplacer du gadget vers le Bureau.

▲ Figure 4.5 : *Glisser-déplacer d'un gadget sur le Bureau*

2. Fermez la fenêtre d'ajout de gadget une fois que vous avez terminé.

Le gadget se pose à l'endroit que vous souhaitez sur le Bureau.

En cliquant sur le lien Télécharger d'autres gadgets situé en bas à droite de la fenêtre des gadgets, vous accèderez également à un site web qui vous proposera une liste de gadgets plus conséquente. La plupart des gadgets de Windows Vista fonctionnent sous Windows 7.

Personnaliser

Procédez ainsi :

1. Cliquez du bouton droit sur le Bureau.

2. Cliquez sur **Personnaliser**.

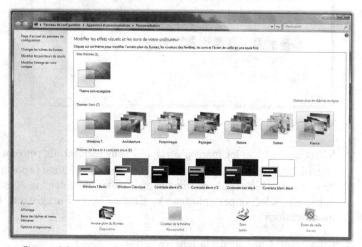

▲ Figure 4.6 : *Fenêtre de personnalisation du Bureau de Windows 7*

Dans cette fenêtre, vous pouvez personnaliser les effets visuels et sonores du Bureau et des fenêtres. C'est le retour des thèmes, comme sous Windows XP. Sélectionnez un thème présent par défaut, comme le thème *France* ; celui-ci s'applique instantanément. Un thème est composé d'une couleur associée aux fenêtres et à la Barre des tâches ainsi que d'un ou de plusieurs fonds d'écran. Vous avez la possibilité de sélectionner plusieurs fonds d'écran pour un seul thème ; ils s'afficheront sous forme de diaporama. Vous pouvez télécharger d'autres thèmes en cliquant sur **Obtenir plus de thèmes en ligne**.

Si vous souhaitez créer votre propre thème et l'enregistrer :

1. À partir de la fenêtre de personnalisation du Bureau de Windows 7, cliquez sur **Arrière-plan du Bureau**.

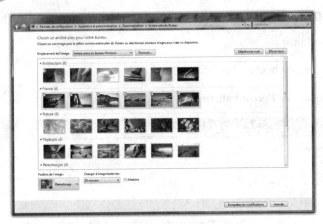

▲ Figure 4.7 : *Arrière-plan du Bureau*

2. Sélectionnez le ou les fonds d'écran qui vous plaisent. Ils peuvent se situer à l'emplacement que vous souhaitez. Définissez aussi la position de l'image et l'intervalle de rotation en minutes entre deux images (si vous en sélectionnez plusieurs). Cliquez sur **Enregistrer les modifications**.

3. Cliquez sur **Couleur de la fenêtre**.

▲ Figure 4.8 : *Couleur de la fenêtre*

4. Sélectionnez votre couleur préférée ou créez-la. Activez ou désactivez la transparence. Cliquez sur **Enregistrer les modifications**.

5. Cliquez sur **Sons**.

▲ Figure 4.9 : *Sons*

6. Choisissez votre modèle de sons et cliquez sur OK.

7. Cliquez sur **Écran de veille** (voir Figure 4.10).

8. Sélectionnez votre écran de veille préféré et cliquez sur OK.

Votre thème personnel est créé. Il suffit de l'enregistrer. Pour cela :

1. À partir de la fenêtre de personnalisation du Bureau de Windows 7, cliquez sur **Enregistrer le thème** (voir Figure 4.11).

◄ Figure 4.10 :
Écran de veille

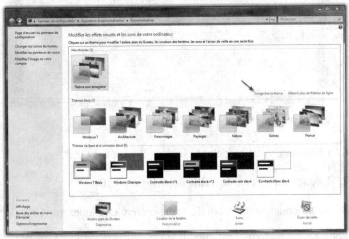

▲ Figure 4.11 : *Enregistrer votre thème*

2. Donnez-lui un nom et cliquez sur **Enregistrer**. Il est disponible à tout moment.

Look Aero

Regardons maintenant du côté des nouveautés des fenêtres de Windows 7. La transparence est de rigueur : un héritage de Windows Vista. Cet héritage s'appelle *Aero*.

Aero pour *Authentic Energetic*, *Reflective* and *Open*. Ce mode graphique permet d'offrir une expérience utilisateur à la hauteur des capacités matérielles des ordinateurs d'aujourd'hui.

Toutefois, seuls les ordinateurs possédant une configuration matérielle minimale requise en terme de carte graphique pourront profiter d'*Aero*.

Les ordinateurs possédant des cartes graphiques aux caractéristiques suivantes peuvent prétendre au mode Aero :

- Un processeur graphique de classe DirectX 9 prenant en charge les éléments suivants :

  - Pilote WDDM ;
  - Pixel Shader 2.0 dans le matériel ;
  - 32 bits par pixel ;

- Une mémoire graphique requise :

  - mémoire graphique de 64 Mo pour prendre en charge un seul moniteur à des résolutions inférieures à 1 310 720 pixels ;

  - mémoire graphique de 128 Mo pour prendre en charge un seul moniteur à des résolutions variant de 1 310 720 à 2 304 000 pixels ;

  - mémoire graphique de 256 Mo pour prendre en charge un seul moniteur à des résolutions supérieures à 2 304 000 pixels.

Lorsque votre ordinateur est prêt pour *Aero*, le mode d'affichage de Windows 7 bascule automatiquement en mode Aero. Si votre ordinateur ne répond pas aux critères, celui-ci passe en mode Windows 7 basique.

Voici un aperçu du Bureau en mode Basique (voir Figure 4.12).

Et voici un aperçu du Bureau en mode Aero. C'est tout de même plus agréable pour profiter de son ordinateur…

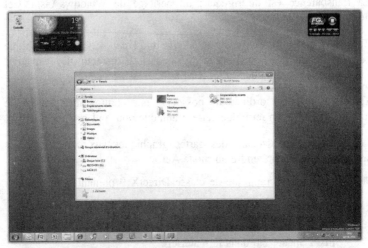

▲ Figure 4.12 : *Le Bureau en mode Basique*

▲ Figure 4.13 : *Le Bureau en mode Aero*

Aero offre de superbes effets, tels que les fenêtres avec effet vitré donnant à l'affichage une impression de transparence.

La superposition et l'accumulation des fenêtres deviennent plus simples à gérer : le but étant de s'y retrouver le plus facilement possible. L'environnement de travail n'en est que plus clair et convivial. Lorsque vous minimisez des fenêtres ouvertes vers la Barre des tâches, des effets de style aléatoires apparaissent : une animation, un peu comme si la fenêtre "tombait" vers la Barre des tâches. Difficile à décrire, le mieux étant que vous visualisiez par vous-même cet effet. Pour cela, cliquez sur le premier bouton en haut à droite d'une fenêtre, celui qui permet de minimiser la fenêtre dans la Barre des tâches.

Usage d'Aero

Aero permet une utilisation bien plus sympathique de votre ordinateur. Voici quelques exemples représentatifs :

Windows 7 propose deux nouvelles fonctions pour la gestion des fenêtres : le défilement normal et le défilement 3D, autrement appelé Flip 3D.

La fonction de défilement normal vous permet de naviguer entre les fenêtres ouvertes, en affichant une fenêtre miniature pour chaque application au lieu d'une simple icône générique et un nom de fichier. Les fenêtres miniatures permettent une identification rapide de la fenêtre recherchée, notamment lorsque plusieurs fenêtres du même type sont ouvertes.

1. Lorsque de nombreuses fenêtres sont ouvertes sur votre Bureau, appuyez simultanément sur [Alt]+[⇥]. Gardez la touche [Alt] enfoncée.

2. Tout en maintenant la touche [Alt] enfoncée, en appuyant sur la touche [⇥], vous modifiez à tour de rôle la sélection de la fenêtre. Lorsque vous relâchez la touche [Alt], la fenêtre que vous avez sélectionnée apparaît alors ouverte sur le Bureau.

Si votre fenêtre ouverte est une vidéo, vous la verrez défiler dans la fenêtre de défilement normal des fenêtres ouvertes.

Avec la fonction de défilement 3D, vous pouvez utiliser la molette de défilement de votre souris pour passer rapidement d'une fenêtre ouverte à une autre, puis localiser et sélectionner celle que vous souhaitez utiliser.

1. Lorsque de nombreuses fenêtres sont ouvertes sur votre Bureau, appuyez simultanément sur [Windows]+[⇆]. Gardez la touche [Windows] enfoncée. Toutes vos fenêtres apparaissent en 3D.

2. Tout en maintenant la touche [Windows] enfoncée, utilisez la molette de votre souris pour modifier à tour de rôle la sélection de la fenêtre. Lorsque vous cliquez sur une fenêtre spécifique, celle-ci repasse en 2D et au premier plan. Lorsque vous relâchez la touche [Windows], la fenêtre qui était positionnée en premier dans l'interface 3D apparaît ouverte sur le Bureau.

Windows 7 embarque, en plus, 3 nouveautés : *Aero snap*, *Aero Shake* et *Aero Peek*. Ces nouveautés améliorent encore votre expérience utilisateur.

■ *Aero Snap* (que l'on pourrait appeler "*Drag-and-Snap*") permet de redimensionner une fenêtre en la déplaçant sur un des côtés de l'écran. En la déplaçant vers le bord gauche ou droit du Bureau, la fenêtre prend la moitié de la taille de l'écran et est attachée à ce côté. En déplaçant la fenêtre vers le haut, elle prend tout l'écran. Simple et pratique, surtout avec les écrans de plus en plus large qui aujourd'hui permettent facilement d'afficher deux fenêtres côte à côte.

■ *Aero Shake*, plutôt destiné à un usage tactile de Windows 7, est une fonction qui cache toutes les autres fenêtres quand vous secouez la fenêtre active. Par exemple, de nombreuses fenêtres sont ouvertes sur le Bureau ; secouez la fenêtre en premier plan et toutes les autres viennent se ranger derrière. Secouez à nouveau et elles réapparaissent toutes sur le Bureau.

■ *Aero Peek* améliore l'affichage de votre Bureau souvent recouvert de nombreuses fenêtres. Il vous suffit de survoler un icône de votre Barre des tâches pour que seule la fenêtre que vous souhaitez soit visible sur votre Bureau. Ne s'affichent plus que les bords des autres fenêtres en transparence.

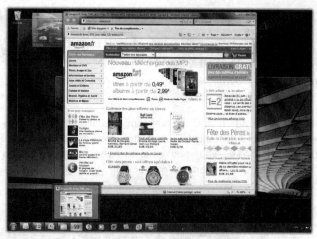

▲ Figure 4.14 : *Vue Aero Peek*

4.2 La Barre des tâches de Windows 7

Une des nouveautés les plus notables de Windows 7 est incontestablement la Barre des tâches. Elle est totalement différente des versions précédentes de Windows, Vista comme XP.

▲ Figure 4.15 : *La Barre des tâches de Windows 7*

Celle-ci est plus large (pour permettre l'utilisation avec les doigts pour les ordinateurs à écran tactile), plus spacieuse. Elle améliore l'organisation de vos favoris de type programmes, répertoires, fichiers en utilisant des icônes de forme carrée, qui se regroupent plus facilement, permettent de gagner de la place sur la Barre des tâches, s'organisent comme vous le souhaitez et surtout qui sont réactives lorsque vous passez le curseur de la souris dessus.

Par des jeux de couleur et d'effet de transparence, vous visionnez les programmes ouverts. Vous pouvez même visualiser par effet de surimpression si plusieurs instances de la même application sont ouvertes.

▲ Figure 4.16 : *Les programmes ou répertoires ouverts visualisables par la Barre des tâches*

Passez la souris sur une icône ; apparaissent automatiquement toutes les instances (pages web, documents, répertoires, etc.) gérées par l'application représentant l'icône. Vous pouvez alors passer au premier plan ou fermer un document, un répertoire ou une page web, juste en cliquant dessus.

▲ Figure 4.17 : *Plusieurs sites ouverts sous Internet Explorer 8*

Comme dans Vista, d'un simple glisser d'icône, on peut organiser l'ordre des icônes dans la Barre des tâches. On peut glisser par exemple l'icône d'IE à gauche de l'icône de l'Explorateur :

▲ Figure 4.18 : *Glisser-déplacer d'icône dans la Barre des tâches*

Vous pouvez aussi utiliser des raccourcis clavier pour accéder aux applications présentes dans la Barre des tâches. Par exemple, pour la Barre des tâches présentée précédemment :

- Windows+1 ouvrira directement *Outlook*.
- Windows+2 ouvrira *Word*.
- Windows+3 ouvrira *Excel*.
- Windows+4 ouvrira *l'Explorateur*.

- [Windows]+[5] ouvrira *Internet Explorer*.
- [Windows]+[6] ouvrira *iTunes*, etc.

Les touches de 1 à 9 ne sont pas celles du pavé numérique mais celles situées sur la rangée supérieure du clavier.

Et pour augmenter l'efficacité, quand vous cliquez du bouton droit sur une icône de la Barre des tâches, vous accédez à des options de l'application et à la liste des documents ou sites web récemment ouverts. Ainsi vous pouvez plus rapidement accéder à la donnée. À l'usage, cette fonctionnalité de Windows 7 s'avère très pratique.

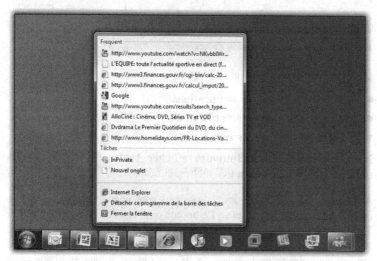

▲ Figure 4.19 : *Clic droit sur l'icône IE de la Barre des tâches*

À l'extrémité droite de la Barre des tâches, vous retrouvez la zone de notification. Avec Windows 7, vous pouvez personnaliser les icônes et notifications que vous souhaitez voir apparaître dans cette zone. En comparaison avec Windows XP où la zone de notification pouvait prendre beaucoup de place, il est pratique de pouvoir l'ajuster selon ses souhaits.

Cliquez pour ce faire sur la petite flèche située le plus à gauche de la zone de notification puis sur **Personnaliser**.

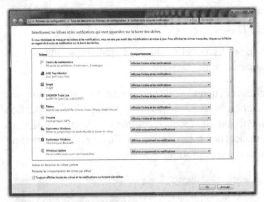

▲ Figure 4.20 : *Configuration de la zone de notification*

Vous pourrez alors configurer les icônes avec les options suivantes :

- **Afficher l'icône et les notifications** ;
- **Masquer l'icône et les notifications** ;
- **Seulement afficher les notifications**.

N'oubliez pas l'option **Toujours afficher toutes les icônes et les notifications sur la Barre des tâches**, si nécessaire.

Avec cette nouvelle Barre des tâches, vous vous apercevez que la zone de lancement rapide n'existe plus. Le bouton qui permettait de réduire toutes les fenêtres instantanément et d'afficher le Bureau a donc disparu lui aussi. Pas tout à fait… Passez le curseur de la souris ou cliquez sur la zone totalement à droite de la Barre des tâches (après la date et l'heure) ; le Bureau apparaît.

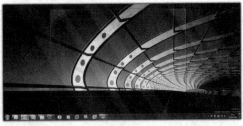

▲ Figure 4.21 : *Bouton Afficher le Bureau*

Les propriétés de la Barre des tâches

Vous avez toujours la possibilité d'utiliser les propriétés de la Barre des tâches pour personnaliser ou modifier le comportement de la Barre des tâches.

1. Cliquez du bouton droit sur la Barre des tâches et cliquez sur **Propriétés**.

2. Sélectionnez l'onglet **Barre des tâches**.

▲ Figure 4.22 : *Propriétés de la Barre des tâches*

Dans la section *Apparence de la Barre*, vous pouvez sélectionner :

- **Verrouiller la Barre des tâches**.
- **Masquer automatiquement la Barre des tâches**.
- **Utiliser les petites icônes**.
- **Position Barre des tâches** sur l'écran. Sous Vista, il fallait attraper la Barre avec la souris pour la déplacer en haut, à droite ou à gauche de

l'écran. Le choix est maintenant directement possible sous Windows 7 via cette option. Le menu déroulant propose **bas**, **gauche**, **droite** ou **haut**. La Barre s'adapte à sa nouvelle position en optimisant l'utilisation du menu **Démarrer**.

■ **Boutons de la Barre des tâches**. Vous pouvez sélectionner plusieurs comportements possibles :

– Par défaut, l'option **Toujours combiner, masquer les étiquettes** est sélectionnée. Cette option donne donc cet aspect d'icônes carrées dans la Barre des tâches, quel que soit le nombre de dossiers ou d'applications ouverts.

– **Combiner lorsque la Barre des tâches est pleine**. Cette option fait apparaître les étiquettes des applications et montre que dans Word, par exemple, plusieurs documents sont ouverts. Au moment où toute la longueur de la Barre des tâches sera utilisée, Windows 7 empilera les fenêtres.

– **Ne jamais combiner**. Cette option affiche tous les documents et applications ouverts, sans les empiler.

Si vous choisissez l'option **Utiliser les petites icônes** avec l'option **Ne jamais empiler**, vous vous rendrez compte que Windows 7 est très proche de Windows Vista.

▲ Figure 4.23 : *Barre des tâches Windows 7 proche de celle de Windows Vista.*

Si vous décochez la case *Utiliser Aero Peek pour afficher un aperçu du Bureau*, vous désactivez l'option de visualisation du Bureau en passant le curseur de la souris sur le bouton **Afficher le Bureau** tout à droite de la Barre des tâches.

Épingler des applications, des dossiers, des fichiers dans la Barre des tâches

Pour placer les icônes que vous voulez dans la Barre des tâches, vous devez épingler les applications, dossiers ou fichiers souhaités.

Avec la nouvelle Barre des tâches dans Windows 7, il est possible d'épingler des applications ou des fichiers et dossiers.

Prenons l'exemple d'Excel. Pour épingler Excel dans la Barre des tâches, faites glisser l'icône de l'application à partir du menu **Démarrer** jusque dans la Barre des tâches. Le message *Épingler à Barre des tâches* s'affiche.

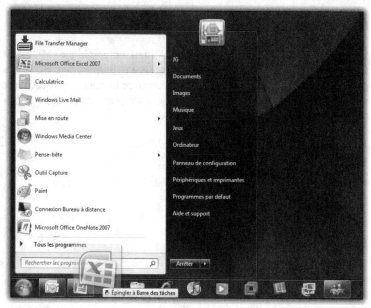

▲ Figure 4.24 : *Épingler une application*

L'application Excel est désormais dans la Barre des tâches. Vous pouvez aussi en cliquant du bouton droit sur le raccourci du menu **Démarrer**, sélectionner **Épingler à la Barre des tâches**.

Pour épingler un dossier, ouvrez l'Explorateur et faites glisser le dossier dans la Barre des tâches. Le message *Épingler à Explorateur Windows* apparaît. Mais le dossier n'apparaîtra pas directement dans la Barre des tâches. Mais en cliquant du bouton droit sur l'icône de l'Explorateur, le dossier apparaîtra en haut de la liste *Épinglé*.

Un fichier ne peut être épinglé directement dans la Barre des tâches. Vous pouvez l'épingler dans l'application ou dans le menu **Démarrer**. Pour un fichier Excel que vous ouvrez très souvent, faites glisser son icône dans la Barre des tâches. Le message *Épingler à Excel apparaît*. Ce fichier est désormais accessible en haut de la liste, dans *Epinglé*, en cliquant du bouton droit sur l'icône Excel que vous venez de placer dans la Barre des tâches.

4.3 En bref

Windows 7 remanie et améliore encore l'interface graphique. Microsoft tire les enseignements de Windows XP et Vista et propose une Barre des tâches efficace et un Bureau très agréable. Avec ce Bureau, vous accéderez tout de suite à plus de clarté et à une encore plus grande qualité des éléments affichés.

5

Gérez
vos documents

Windows 7 vous aide à augmenter votre productivité. Pour cela, parmi les axes d'amélioration étudiés, il y a la création et l'amélioration d'outils qui permettent de mieux organiser votre travail. Cela passe par une meilleure utilisation des dossiers et fichiers, une meilleure recherche et gestion des données, surtout depuis l'explosion des volumétries de disques durs.

L'outil de base incontournable pour la gestion des documents, depuis les toutes premières versions de Windows, s'appelle l'Explorateur Windows.

Pour ouvrir l'Explorateur Windows :

1. Cliquez sur le logo Windows de démarrage dans la Barre des tâches.

2. Cliquez sur **Tous les programmes**, **Accessoires** puis **Explorateur Windows**.

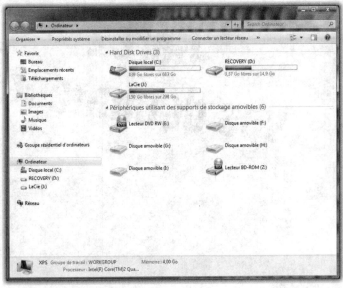

▲ Figure 5.1 : *L'Explorateur Windows*

Vous allez, à partir de cet outil, apprendre les composants vous facilitant la gestion des documents.

5.1 Utilisation des dossiers et des fichiers

Un fichier ressemble beaucoup à un document tapé que l'on peut trouver sur un Bureau ou dans un classeur. C'est un élément contenant un ensemble d'informations associées. Sur un ordinateur, des fichiers peuvent être des documents texte, des feuilles de calcul, des images numériques et même des morceaux de musique. Chaque image prise avec un appareil photo numérique, par exemple, est un fichier distinct, et un CD audio peut contenir une dizaine de fichiers audio individuels.

L'ordinateur représente les fichiers sous forme d'icônes. En regardant l'icône d'un fichier, vous pouvez rapidement déterminer de quel type de fichier il s'agit ; l'aspect d'une icône vous permet de savoir quel type de fichier elle représente.

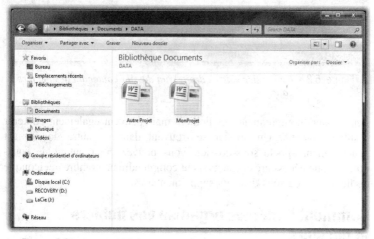

▲ Figure 5.2 : *Vue d'un fichier*

Un dossier est assimilé davantage à un conteneur dans lequel vous pouvez stocker des fichiers. Si vous placez des milliers de fichiers au format papier sur un Bureau, il sera pratiquement impossible de retrouver un fichier spécifique au moment voulu. C'est pourquoi il est souvent d'usage de stocker des fichiers dans des dossiers, à l'intérieur d'un classeur.

L'organisation de fichiers en groupes logiques facilite la recherche d'un fichier spécifique.

Les dossiers de votre ordinateur fonctionnent de la même manière. Ainsi, un dossier standard a l'aspect suivant :

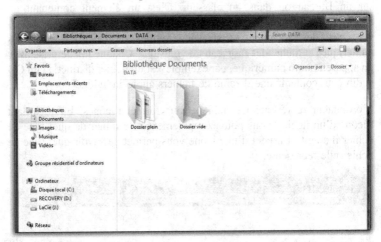

▲ Figure 5.3 : *Un dossier vide (à droite), un dossier contenant des fichiers (à gauche)*

Les dossiers comprennent des fichiers mais peuvent également contenir d'autres dossiers. Un dossier se trouvant dans un autre dossier est généralement appelé sous-dossier. Vous pouvez créer autant de sous-dossiers que nécessaire et chacun peut comprendre un nombre quelconque de fichiers et de sous-dossiers supplémentaires.

Comment Windows organise vos fichiers et dossiers

Concernant l'organisation de vos fichiers, vous n'êtes pas obligé de partir de zéro. En effet, Windows est fourni avec un ensemble de dossiers communs que vous pouvez utiliser comme points de départ pour commencer à organiser vos fichiers.

Voici quelques-uns des dossiers communs dans lesquels vous pouvez stocker vos fichiers et dossiers :

- **Documents**. Utilisez ce dossier pour stocker vos fichiers de traitement de texte, feuilles de calcul, présentations et autres fichiers à caractère professionnel ou personnel.

- **Images**. Utilisez ce dossier pour stocker toutes vos images numériques, qu'elles proviennent de votre appareil photo numérique, de votre scanner ou d'un courrier électronique reçu.

- **Musique**. Utilisez ce dossier pour stocker tous vos fichiers audio numériques, tels que des morceaux copiés d'un CD audio ou téléchargés sur Internet.

- **Vidéos**. Utilisez ce dossier pour stocker vos vidéos, telles que des clips de votre appareil photo numérique ou des fichiers vidéo que vous avez téléchargés sur Internet.

- **Téléchargement**. Utilisez ce dossier pour stocker des fichiers et des programmes téléchargés sur Internet.

▲ Figure 5.4 : *Dossiers par défaut sous Windows 7*

Pour rechercher ces dossiers, vous avez le choix entre diverses méthodes. La plus simple consiste à ouvrir le dossier personnel qui regroupe tous vos dossiers communs en un seul endroit. Le nom du dossier personnel n'est pas "personnel" ; il correspond au nom d'utilisateur que vous avez employé pour ouvrir une session sur l'ordinateur.

Pour l'ouvrir, cliquez sur le bouton **Démarrer** puis cliquez sur votre nom d'utilisateur dans la partie supérieure du volet droit du menu **Démarrer**.

Vous pouvez également trouver les dossiers *Documents*, *Images* et *Musique* dans le menu **Démarrer**, juste en dessous de votre dossier personnel.

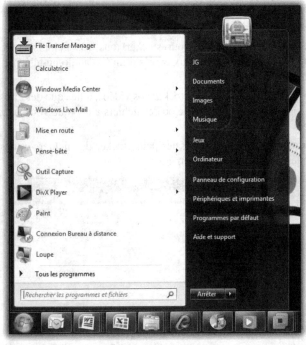

▲ Figure 5.5 : *Les dossiers sont situés par défaut dans le menu Démarrer*

N'oubliez pas que vous pouvez créer des sous-dossiers dans ces dossiers, afin d'améliorer l'organisation de vos fichiers. Dans le dossier *Images* par exemple, vous pouvez créer des sous-dossiers afin d'organiser les images par dates, par événements, par noms des personnes présentes sur les images ou selon la classification qui vous permettra de travailler plus efficacement.

Présentation des éléments d'un dossier

Lorsque vous ouvrez un dossier sur le Bureau, une fenêtre de dossier apparaît. En plus d'afficher le contenu du dossier, cette fenêtre comprend de nombreux éléments conçus pour vous aider à naviguer dans Windows ou faciliter votre travail sur des fichiers et des dossiers.

Voici un dossier standard et chacun de ses éléments :

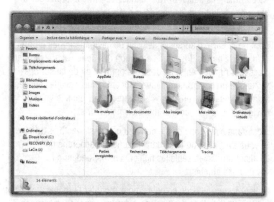

▲ Figure 5.6 : *Description de l'Explorateur Windows*

Tab. 5.1 : Présentation de l'interface de gestion des dossiers et fichiers	
Élément du dossier	**Utilisation**
Barre d'adresses	Utilisez la Barre d'adresses pour naviguer jusqu'à un autre dossier, sans fermer la fenêtre de dossier active.
Boutons **Précédent** et **Suivant**	Utilisez les boutons **Précédent** et **Suivant** pour naviguer jusqu'aux dossiers que vous avez déjà ouverts, sans fermer la fenêtre active. Ces boutons fonctionnent en association avec la Barre d'adresses. Si vous avez utilisé la Barre d'adresses pour changer de dossier, vous pouvez utiliser le bouton **Précédent** pour revenir au dossier d'origine.
Zone de recherche	Tapez un mot ou une phrase dans la zone de recherche, pour localiser un fichier ou un sous-dossier stocké dans le dossier actif. La recherche commence dès que vous commencez à taper. Ainsi, dès que vous saisissez la lettre B, tous les fichiers dont le nom commence par B s'affichent dans la liste des fichiers du dossier.

Tab. 5.1 : Présentation de l'interface de gestion des dossiers et fichiers

Élément du dossier	Utilisation
Barre d'outils	La Barre d'outils permet d'effectuer des tâches courantes : modifier l'aspect de vos fichiers et dossiers, copier des fichiers sur un CD ou lancer un diaporama de photos numériques. Les boutons de la Barre d'outils changent pour afficher uniquement les commandes utiles. Si vous cliquez sur un fichier image, la Barre d'outils affiche des boutons différents de ceux qui se seraient affichés si vous aviez cliqué sur un fichier audio.
Volet de navigation	Comme la Barre d'adresses, le volet de navigation vous permet d'afficher d'autres dossiers. La section des liens *Favoris* permet d'accéder rapidement à un dossier commun ou de lancer une recherche précédemment sauvegardée. Si vous accédez souvent au même dossier, vous pouvez le faire glisser dans le volet de navigation pour en faire un de vos liens *Favoris*.
Liste des fichiers	C'est dans cette zone que le contenu du dossier actif est affiché. Si vous avez saisi du texte dans la zone de recherche pour localiser un fichier, seuls les fichiers correspondant à la recherche s'affichent.
En-têtes de colonnes	Utilisez les en-têtes de colonnes pour modifier l'organisation des fichiers dans la liste des fichiers. Vous pouvez trier, regrouper ou empiler les fichiers dans la vue active. Les en-têtes de colonnes sont disponibles uniquement en vue *Détails*.
Volet d'informations	Le volet d'informations affiche les propriétés les plus courantes associées au fichier sélectionné. Les propriétés d'un fichier sont des informations concernant le fichier, telles que son auteur, la date de la dernière modification et toutes les balises que vous avez pu ajouter au fichier.
Volet de visualisation	Utilisez le volet de visualisation pour voir le contenu de nombreux types de fichiers. Si vous sélectionnez un message électronique, un fichier texte ou une image, vous pouvez voir son contenu sans l'ouvrir dans un programme. Par défaut, le volet de visualisation ne s'affiche pas dans la plupart des dossiers. Pour le voir, cliquez sur le bouton **Afficher le Volet de visualisation** situé en haut à droite de l'Explorateur Windows.

Affichage de vos fichiers dans un dossier

Lorsque vous ouvrez un dossier et que les fichiers s'affichent, vous pouvez choisir des grandes (ou petites) icônes, ou une organisation des fichiers qui vous permette de voir différents types d'informations sur chaque fichier. Pour effectuer ce type de changement, utilisez le bouton **Changer d'affichage** sur la Barre d'outils.

Chaque fois que vous cliquez sur le bouton **Changer d'affichage**, l'affichage des icônes de fichiers et de dossiers dans la fenêtre de dossiers est modifié, alternant entre des grandes icônes, des icônes plus petites appelées *Mosaïques* et un mode appelé Détails qui affiche plusieurs colonnes d'informations sur le fichier.

Si vous cliquez sur la flèche en regard du bouton **Changer d'affichage**, vous avez encore davantage de choix. Faites glisser le curseur vers le haut pour affiner le réglage de la taille des icônes de fichiers et de dossiers. La taille des icônes change lorsque vous déplacez le curseur.

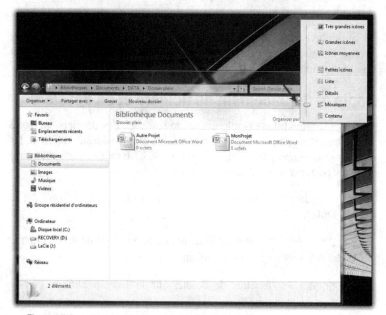

▲ Figure 5.7 : *Options du bouton Changer d'affichage*

Recherche de vos fichiers

Lorsque vous avez besoin de rechercher un fichier spécifique, vous savez qu'il est situé quelque part dans un dossier commun tel que *Documents* ou *Images*. Malheureusement, l'opération qui consiste à rechercher ce fichier peut signifier l'obligation de parcourir des centaines de fichiers et de sous-dossiers, ce qui n'est pas une tâche aisée. Pour gagner du temps et de l'énergie, utilisez la zone de recherche afin de localiser votre fichier.

La zone de recherche se trouve dans la partie supérieure de chaque dossier. Pour rechercher un fichier, ouvrez le dossier contenant ce fichier, cliquez sur la zone de recherche et commencez à taper votre texte. La zone de recherche filtre la vue active en fonction du texte que vous avez saisi. Les fichiers sont affichés dans la zone de résultats de la recherche si le terme recherché correspond au nom du fichier, aux mots-clés ou à toute autre propriété du fichier. Les documents textes sont affichés si le terme recherché est présent dans une partie du texte de ces documents. Votre recherche parcourt le dossier actif ainsi que tous les sous-dossiers.

Si vous n'avez aucune idée de l'endroit où rechercher un fichier, vous pouvez élargir votre recherche pour inclure l'intégralité de l'ordinateur et non uniquement un seul dossier.

Copie et déplacement de fichiers et de dossiers

Vous pouvez modifier l'emplacement de stockage des dossiers sur votre ordinateur. Vous pouvez déplacer des fichiers dans un dossier différent, les copier sur un support amovible (tel qu'une clé USB ou une carte mémoire) pour les partager avec d'autres personnes.

La méthode la plus utilisée pour copier et déplacer des fichiers est le glisser-déplacer.

1. Ouvrez le dossier contenant le fichier ou le dossier à déplacer. Ouvrez le dossier vers lequel vous souhaitez le déplacer.

2. Positionnez les fenêtres de dossier sur le Bureau afin de voir le contenu des deux fenêtres.

3. Faites glisser le fichier ou le dossier du premier dossier vers le second dossier.

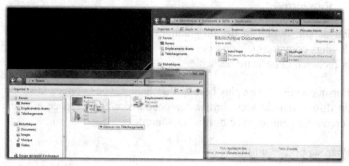

▲ Figure 5.8 : *Glisser-déplacer*

Lorsque vous utilisez la méthode de glisser-déplacer, vous remarquerez que parfois le fichier ou le dossier est copié et parfois il est déplacé. Pourquoi ? Si vous faites glisser un élément entre des dossiers situés sur le même disque dur, les éléments sont déplacés pour éviter que des doublons du même fichier ou dossier ne soient créés sur un disque dur. Si vous faites glisser un élément vers un dossier situé sur un autre disque dur (tel qu'un emplacement réseau) ou un support amovible tel qu'un CD, l'élément est copié. Ainsi, le fichier ou le dossier n'est pas supprimé de son emplacement d'origine.

Création et suppression de fichiers

La méthode la plus courante pour créer des fichiers consiste à utiliser un programme. À cet effet, vous pouvez créer un document texte dans un programme de traitement de texte ou un fichier vidéo dans un programme de montage vidéo.

Certains programmes créent un fichier à leur ouverture. Lorsque vous ouvrez WordPad par exemple, il démarre avec une page blanche, qui représente un fichier vide (et non enregistré).

1. Commencez à saisir du texte. Lorsque vous êtes prêt à enregistrer votre travail, cliquez sur **Fichier** dans la Barre de menus puis sur **Enregistrer sous**.

2. Dans la boîte de dialogue qui s'affiche, tapez un nom de fichier qui vous permettra de retrouver le fichier ultérieurement puis cliquez sur **Enregistrer**.

Par défaut, la plupart des programmes enregistrent les fichiers dans des dossiers communs tels que *Documents*, *Images* et *Musique*, ce qui facilite la recherche ultérieure de fichiers.

Lorsque vous n'avez plus besoin d'un fichier, vous pouvez le supprimer du disque dur de votre ordinateur pour libérer de l'espace et éviter de surcharger celui-ci avec des fichiers inutiles.

Pour supprimer un fichier :

1. Ouvrez le dossier qui contient ce fichier puis sélectionnez le fichier.

2. Appuyez sur [Suppr]. Dans la boîte de dialogue **Supprimer le fichier**, cliquez sur **Oui**.

Lorsque vous supprimez un fichier, il est stocké temporairement dans la Corbeille. Considérez la Corbeille comme un dossier de sécurité qui vous permet de récupérer les fichiers ou les dossiers que vous avez accidentellement supprimés. Vous devez parfois vider la Corbeille pour libérer l'espace occupé par ces fichiers indésirables sur le disque dur.

Ouverture d'un fichier existant

Pour ouvrir un fichier, double-cliquez dessus. Le fichier s'ouvre dans le programme que vous avez utilisé pour le créer ou le modifier. S'il s'agit d'un fichier texte, il s'ouvre dans votre programme de traitement de texte.

Ce n'est pas toujours le cas. Si vous double-cliquez sur une image numérique, c'est généralement une visionneuse d'images qui s'ouvre. Pour modifier l'image, vous devez utiliser un autre programme. Cliquez du bouton droit sur le fichier, cliquez sur **Ouvrir avec** puis cliquez sur le nom du programme que vous souhaitez utiliser.

5.2 Efficacité personnelle, recherche et organisation

La recherche et l'organisation des données a toujours été très compliquée à gérer. Et plus la volumétrie des disques durs grandit, plus nous avons tendance à stocker énormément et plus les tâches de recherche et d'organisation deviennent complexes, prennent du temps et nous confrontent à nous poser la question de savoir si la donnée stockée nous est utile.

Windows 7 apporte des réponses à nos interrogations en offrant plus de souplesse pour la recherche et l'organisation des fichiers. De nouvelles commandes, telles que les bibliothèques, la recherche rapide et les mots-clés facilitent la gestion de grandes quantités de données et améliorent votre efficacité personnelle.

Bibliothèques

Windows 7 introduit le concept de bibliothèques de documents. Ce sont des conteneurs, des répertoires virtuels vous facilitant la tâche d'organisation des données.

▲ Figure 5.9 : *Les bibliothèques*

On distingue quatre catégories de bibliothèques par défaut : *documents*, *musique*, *images* et *vidéos*. La particularité des bibliothèques vient du fait qu'elles récupèrent automatiquement leur contenu depuis des dossiers que vous aurez pris soin d'indiquer au préalable. Par exemple, par défaut la libraire *documents* inclut le répertoire *Mes documents* du profil utilisateur.

Rien ne vous empêche d'ajouter d'autres répertoires comme faisant partie de votre bibliothèque *documents*. Ainsi, en un seul endroit, vous concaténez toutes les données localisées sur plusieurs répertoires ou périphériques (disque externe USB, etc.).

Pour cela :

1. Ouvrez l'Explorateur Windows et cliquez sur votre bibliothèque.

2. Cliquez sur le lien Emplacements.

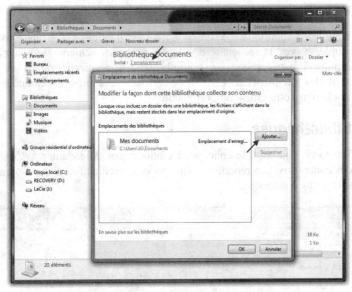

▲ Figure 5.10 : *Ajout d'emplacements dans la bibliothèque*

3. Cliquez sur **Ajouter** pour ajouter des emplacements qui feront désormais partie de votre bibliothèque.

Leur contenu est donc généré automatiquement, vous permettant de rapidement retrouver vos médias numériques. Tout est mis en œuvre dans Windows 7 pour encourager l'usage des bibliothèques.

Fonction de recherche rapide

Avec la masse d'information contenue de nos jours sur les disques durs, se rappeler où trouver un fichier en particulier organisé dans une arborescence complexe de répertoires pouvait devenir pénible. Surtout que l'accès à une zone de recherche n'était pas facilement accessible.

Windows 7 facilite la recherche de fichiers ; il n'est plus nécessaire de se rappeler où vous avez stocké chaque fichier. Pour le retrouver, il suffit désormais de vous souvenir d'un élément le concernant, par exemple un mot contenu dans le document. Cette puissante fonctionnalité de recherche intégrée vous aide à trouver rapidement tout ce que vous souhaitez sur votre ordinateur, sans avoir à parcourir tous les dossiers. De plus, cette fonctionnalité est disponible depuis n'importe quelle fenêtre d'Explorateur, pour un accès facile, quand vous le souhaitez.

Par exemple :

1. ouvrez l'Explorateur Windows.

▲ Figure 5.11 : *Explorateur Windows*

2. Vous visualisez la Barre de recherche rapide en haut à droite de la fenêtre. Tapez un mot contenu dans un document. Dans notre exemple, saisissez `Projet` (voir Figure 5.12).

3. Non seulement le résultat vous renvoie les fichiers dont le nom contient le mot `Projet` mais aussi des fichiers dont le contenu contient le mot en question. L'étendue des fichiers est importante : du document au message de newsgroup en passant par des images. Ensuite, sélectionnez le document qui correspond le mieux à vos attentes.

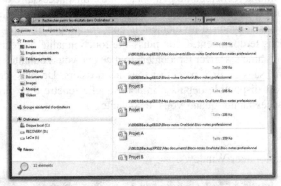

▲ Figure 5.12 : *Résultat d'une recherche rapide*

Autre exemple, cette fois-ci à partir du Panneau de configuration :

1. Ouvrez le **Panneau de configuration**.

2. Vous visualisez la Barre de recherche rapide en haut à droite de la fenêtre. Tapez par exemple le mot installer.

▲ Figure 5.13 : *Recherche rapide dans le Panneau de Configuration*

3. Tous les liens du Panneau de configuration relatifs à l'installation sont listés. Vous n'avez plus qu'à sélectionner le plus approprié à ce que vous voulez faire.

Dernier exemple, dans la fenêtre de recherche rapide du nouveau menu **Démarrer**, il vous suffit d'entrer un mot, une phrase, une propriété ou une partie du nom d'un fichier pour trouver instantanément le fichier ou l'application recherchés.

▲ Figure 5.14 : *Recherche rapide dans le menu de démarrage*

Vous trouverez également une Barre de recherche rapide dans Windows-Media Player. Une recherche dans Windows Media Player présente l'avantage de retourner votre musique et votre vidéo de façon organisée.

Bref, partout où vous verrez cette Barre toujours située en haut à droite de la fenêtre, cherchez… Et c'est trouvé.

Vues personnalisées des fichiers

En terme d'organisation, vous avez certainement remarqué quand vous avez ouvert l'Explorateur Windows de Windows 7, la présence des bibliothèques contenant les raccourcis vers *Documents*, *Images*, *Musique* et *Vidéos*.

En plus de ces répertoires, Windows 7 vous permet de créer des vues personnalisées de vos fichiers en combinant la fonctionnalité de recherche rapide et la possibilité d'organiser les fichiers par noms, types, auteurs ou marques descriptives.

Par exemple, vous pouvez demander l'affichage de vos données classées par dates de modification.

1. Ouvrez l'Explorateur .

2. Naviguez jusqu'au répertoire souhaité et cliquez sur la colonne *Dossier*.

3. Choisissez votre type préféré de classement.

▲ Figure 5.15 : *Classement*

En-tête de colonne avancé

Pour classer encore plus finement vos données lorsque vous choisissez de les trier par types ou par auteurs, par exemple, chaque colonne de classement de l'Explorateur Windows contient un menu déroulant offrant des fonctions d'organisation.

Par exemple, si vous souhaitez classer par dates, cliquez sur l'en-tête de colonne pour faire apparaitre le menu déroulant. Vous voyez qu'un mini calendrier fait son apparition. Sélectionnez vraiment les dates que vous voulez pour effectuer votre classement.

1. Ouvrez l'Explorateur Windows.

2. Naviguez jusqu'au répertoire souhaité et cliquez sur la flèche de menu à droite de la colonne *Date de modification*.

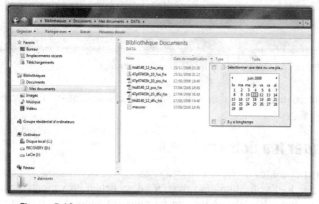

▲ Figure 5.16 : *Menu déroulant de la colonne Date de modification*

3. Utilisez le mini calendrier pour affiner le classement comme vous le souhaitez. Remarquez la petite encoche de colonne indiquant que vous avez effectué un filtre dans votre classement.

Autre exemple, si vous souhaitez classer par types de fichier, faites apparaitre le menu déroulant de la colonne *type* et sélectionnez l'extension de fichier que vous souhaitez voir apparaitre dans les fichiers de votre classement.

1. Ouvrez l'Explorateur Windows en cliquant sur le logo de démarrage puis choisissez *All Programs*, *Accessoiries* et *Windows Explorer*.

2. Naviguez jusqu'au répertoire souhaité et cliquez sur la flèche de menu à droite de la colonne *Type*.

▲ Figure 5.17 : *Menu déroulant de la colonne type*

3. Sélectionnez l'extension pour affiner le classement comme vous le souhaitez

Marquer les fichiers

Les fonctionnalités de recherche et d'organisation de Windows 7 permettent d'étendre l'utilisation des propriétés d'un fichier en y ajoutant un ou plusieurs mots-clés, c'est-à-dire un ou plusieurs mots qui vous permettront de repérer le fichier avec une définition qui vous est propre. Cela peut être par exemple le nom du projet auquel est rattaché le document, un événement relatif à une photo, un mot-clé qui vous évoque un souvenir, etc. Comme le référencement est libre, tout mot-clé est envisageable et donc vous simplifie le classement.

Par exemple, lorsque vous sauvegardez un document Word, l'application renseigne certains champs dont la date, le nom de l'auteur, etc. À ce moment-là, vous pouvez y ajouter des mots-clés. Ou lorsque vous importez des photos de votre appareil photo numérique, vous pouvez marquer les photos avec les souvenirs qu'elles vous évoquent. Vous pouvez ajouter ces mots-clés facilement, soit sur un fichier à la fois, soit sur un groupe de fichiers.

Pour marquer les fichiers en utilisant le Panneau de prévisualisation de l'Explorateur Windows :

1. Ouvrez l'Explorateur Windows.

2. Naviguez jusqu'au répertoire souhaité et sélectionnez le document que vous désirez marquer.

3. Dans le Panneau de prévisualisation situé en bas de la fenêtre, cliquez sur **Ajoutez un mot clé**.

4. Entrez le ou les mots-clés que vous souhaitez et cliquez sur **Enregistrer**.

▲ Figure 5.18 : *Mots-clés du document*

Pour marquer plusieurs fichiers en même temps :

1. Ouvrez l'Explorateur Windows.

2. Naviguez jusqu'au répertoire souhaité et sélectionnez les documents que vous désirez marquer.

3. Dans le Panneau de prévisualisation situé en bas de la fenêtre, cliquez sur **Ajoutez un mot clé**.

4. Entrez le ou les mots-clés que vous souhaitez et cliquez sur **Enregistrer**.

Pour marquer les fichiers lors de l'ouverture ou de l'enregistrement du document, procédez comme suit sachant que seules des applications récentes, tele Office 2007, sont capables de marquer un fichier à l'ouverture ou l'enregistrement :

1. Lorsque vous souhaitez sauvegarder un fichier avec Word 2007, cliquez sur le bouton de sauvegarde.

2. La fenêtre de sauvegarde s'ouvre. Dans le champ *Mots-clés* , entrez le ou les mots clés que vous souhaitez et appliquez.

Une fois vos fichiers marqués, si vous voulez les classer selon le mot-clé :

1. Ouvrez l'Explorateur Windows.

2. Naviguez jusqu'au répertoire souhaité et cliquez sur la flèche de menu à droite de la colonne *Mots-clés*.

3. Sélectionnez le ou les mots-clés pour affiner le classement comme vous le souhaitez.

Vous pouvez également coupler l'application de mots-clés en argument de recherche. Vous vous apercevez alors de toute la puissance et la flexibilité de ces outils de recherche et d'organisation de Windows 7. Vous verrez à quel point ils peuvent vous rendre la gestion de documents plus facile.

5.3 Les groupes résidentiels d'ordinateurs

Parmi les nouveautés fonctionnelles de Windows 7, notez l'arrivée des *Groupes résidentiels d'ordinateurs*. Cette fonction vise à simplifier le partage de contenu au sein de réseaux domestiques. Pour cela, il faut que les autres machines de votre réseau soient équipées de Windows 7. Pour créer un réseau de type *groupes résidentiels d'ordinateurs*, indiquez préalablement au système que la connexion utilisée est domestique. Par exemple, l'ordinateur fixe et l'ordinateur portable d'une même famille connectés au même boitier Internet. À partir de là, Windows 7 peut créer un groupe résidentiel auquel il attribue un mot de passe généré automatiquement. Pour créer un *groupe résidentiel d'ordinateurs*, voici comment procéder :

1. Ouvrez le Panneau de configuration puis cliquez sur **Réseau et Internet** et **Groupe résidentiel**.

▲ Figure 5.19 : *Fenêtre Groupe résidentiel*

2. Cliquez sur **Créer un groupe résidentiel**.

3. Sélectionnez les éléments que vous voudrez partager avec les autres ordinateurs du réseau domestique ; par exemple les bibliothèques *Images*, *Musique*, *Vidéos* ainsi que les imprimantes (voir Figure 5.20).

4. Windows 7 affecte un mot de passe au groupe. Notez-le, retenez-le, imprimez-le si nécessaire (voir Figure 5.21).

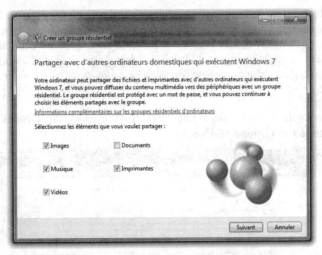

▲ Figure 5.20 : *Partages du Groupe résidentiel*

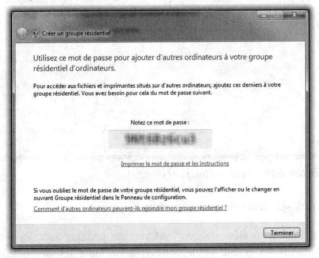

▲ Figure 5.21 : *Mot de passe du Groupe résidentiel*

5. Cliquez sur **Terminer**.

Ce mot de passe sera demandé aux autres ordinateurs lorsqu'ils souhaiteront rejoindre le groupe résidentiel. Il est possible de personnaliser le mot de passe.

Pour rejoindre un groupe résidentiel, Windows 7 détecte automatiquement les groupes résidentiels à portée. Il suffit d'aller dans le Panneau de configuration, de choisir **Réseau et Internet** et **Groupe résidentiel** pour retrouver l'option de jonction au groupe résidentiel. Il suffit alors de rentrer le mot de passe généré sur le premier ordinateur.

Lorsque plusieurs ordinateurs fonctionnant sous Windows 7 se trouvent sur le même réseau domestique, et lorsque la fonction *Groupe résidentiel* est active, l'accès au contenu est facilité : on retrouve en effet dans l'Explorateur Windows une entrée **Groupe résidentiel** qui comprend le ou les ordinateurs du réseau partageant des données et les différentes catégories de média que l'on peut y trouver (musique, photos, vidéos ou documents).

L'accès aux données réseau est simplifié. Autre avancée proposée par les groupes résidentiels, le partage automatique de bibliothèques de médias. Des applications comme Windows Media Player détectent automatiquement les ordinateurs du groupe résidentiel et vous permettent d'accéder à leur contenu média en quelques clics. Même chose pour Windows Media Center qui inaugure une nouvelle section baptisée *Partagée*. Signalons enfin que les imprimantes USB connectées à Windows 7 seront automatiquement partagées et leurs pilotes automatiquement installés sur les autres ordinateurs du groupe résidentiel, sans intervention particulière.

5.4 En bref

Windows 7 remanie et améliore encore la gestion des dossiers et l'efficacité personnelle. Microsoft propose un Explorateur Windows encore plus simple grâce à la notion de bibliothèques et de groupes résidentiels. Le but avoué est que vous vous sentiez tout de suite à l'aise et efficace dans la gestion de vos données, locales ou de votre groupe d'ordinateurs, même sur de très grandes volumétries.

6

Découvrez les outils du Panneau de configuration

Le Panneau de configuration est en quelque sorte votre tableau de bord pour régler et paramétrer votre ordinateur.

Au travers de ce tableau de bord qui fait le lien entre Windows 7, votre matériel et vous, de nombreuses actions sont possibles. Selon vos préférences, deux modes d'affichage s'offrent à vous.

- Un mode par familles. Dans ce mode, on trouve par exemple la sécurité.

- Le second mode, dit "Classique", vous propose l'ensemble des icônes disponibles dans le Panneau de configuration.

Ce chapitre n'aura pas pour vocation de vous présenter toutes les icônes et fonctions que ces modes regroupent ; cela nécessiterait un ouvrage complet sur le Panneau de configuration.

Cependant la plupart des chapitres traitent d'informations qui passent par le Panneau de configuration. Prenons l'exemple du chapitre lié à la surveillance et aux performances. Il reprend à lui seul plusieurs icônes du Panneau de configuration. L'idée au travers de ce chapitre est de vous présenter les différentes fonctions importantes qui n'ont pas été traitées dans cet ouvrage.

6.1 Ouvrir le Panneau de configuration

Pour ouvrir le Panneau de configuration, procédez de la façon suivante :

1. Sélectionnez le menu **Démarrer**.

2. Cliquez sur **Panneau de configuration**.

▲ Figure 6.1 : *Le Panneau de configuration*

6.2 Chercher de l'information dans le Panneau de configuration

Pour effectuer une recherche dans le Panneau de configuration, utilisez par exemple le mot *Problème* :

1. Sélectionnez le menu **Démarrer**.

2. Cliquez sur **Panneau de configuration**.

3. Dans le champ recherche, saisissez le mot problème puis appuyez sur ⏎.

▲ Figure 6.2 : *Recherche intuitive*

6.3 Basculer le Panneau de configuration en mode d'affichage classique

Pour basculer d'un mode à l'autre, procédez de la façon suivante :

1. Sélectionnez le menu **Démarrer**.

2. Cliquez sur **Panneau de configuration**.

Basculer le Panneau de configuration en mode d'affichage classique

▲ Figure 6.3 : *Passage au mode Icônes*

3. Dans le volet de gauche, Sélectionnez **Grandes Icônes**.

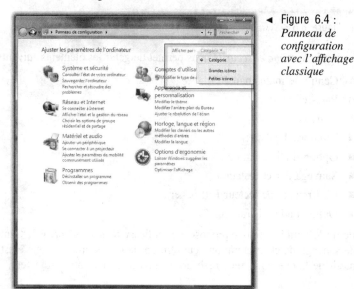

◄ Figure 6.4 :
*Panneau de
configuration
avec l'affichage
classique*

6.4 Les grandes familles du Panneau de configuration

Système et sécurité

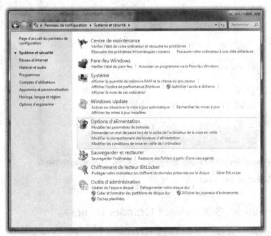

▲ Figure 6.5 : *Système et sécurité*

La partie *Système et sécurité* vous permet de gérer les éléments suivants :

- Centre de maintenance ;
- Pare-feu ;
- Système ;
- Windows Update ;
- Option d'alimentation ;
- Sauvegarder et restaurer ;
- Chiffrement de lecteur BitLocker ;
- Outils d'administration.

Parmi les huit icônes que propose la famille *Système et Sécurité*, le Centre de sauvegarde et restauration peut être un outil très utile puisque c'est à partir de là que vous allez réaliser la sauvegarde de votre ordinateur.

Sauvegarder des données

Sauvegarde pour les ordinateurs portables

Aujourd'hui l'usage d'ordinateur portable est de plus en plus fréquent. Si vous faites partie des utilisateurs ayant un portable, vous ne pourrez pas réaliser de sauvegarde si votre ordinateur fonctionne sur batterie. Il faut impérativement que celui-ci fonctionne sur secteur.

Pour sauvegarder des données, procédez de la façon suivante :

1. Sélectionnez le menu **Démarrer**.

2. Cliquez sur **Panneau de configuration**.

3. Dans le volet droit du Panneau de configuration, cliquez sur **Système et Sécurité**.

4. Cliquez sur **Sauvegarder et restaurer**.

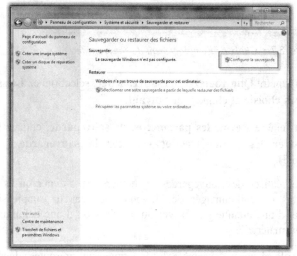

▲ Figure 6.6 : *Sauvegarder et restaurer les fichiers*

5. Dans **Sauvegarder ou restaurer les fichiers**, cliquez sur **Configurer la sauvegarde**.

6. Choisissez l'emplacement où vous souhaitez enregistrer votre sauvegarde et cliquez sur **Suivant**.

▲ Figure 6.7 : *Choix de l'emplacement de sauvegarde*

7. Dans la fenêtre **Que voulez-vous sauvegarder**, sélectionnez **Laisser Windows choisir** et cliquez sur **Suivant**.

8. Dans la fenêtre **Revoir les paramètres de sauvegarde**, cliquez sur **Enregistrer les paramètres et exécuter la sauvegarde** (voir Figure 6.8).

L'intérêt de réaliser des sauvegardes de fichiers est d'éviter qu'ils ne soient perdus ou endommagés définitivement en cas de suppression accidentelle, d'une attaque par un ver ou un virus ou d'une défaillance logicielle ou matérielle

Dans la famille sécurité, l'ensemble des fonctions sont présentées dans le chapitre sur la sécurité à l'exception de BitLocker, réservé aux professionnels et aux entreprises. Toutefois, si vous souhaitez plus d'informations sur cette fonction, vous pouvez consulter l'aide et support de Windows Vista qui documente largement BitLocker.

▲ Figure 6.8 : *Choix du type de documents à sauvegarder*

Réseau et Internet

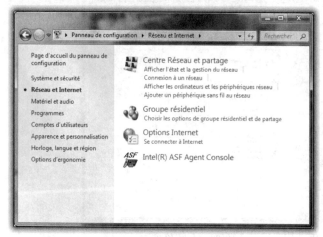

▲ Figure 6.9 : *Réseau et Internet*

La partie *Réseau et Internet* vous permet de gérer les éléments suivants :

- Centre de Réseau et partage ;
- Groupe résidentiel ;
- Options Internet.

Parmi les 3 icônes que propose la famille *Réseau et Internet*, deux éléments importants sont à noter, le Centre de Réseau et partage et le Centre de synchronisation.

Le centre de Réseau et partage

Pour lancer le Centre de Réseau et partage, procédez de la façon suivante :

1. Sélectionnez le menu **Démarrer**.

2. Cliquez sur **Panneau de configuration**.

3. Dans le volet droit du **Panneau de configuration**, cliquez sur **Réseau et Internet**.

4. Cliquez sur **Centre Réseau et partage**.

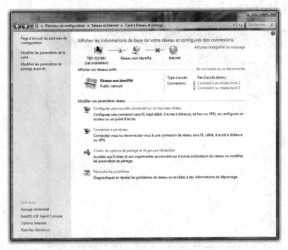

▲ Figure 6.10 : *Centre Réseau et partage*

C'est à partir du Centre Réseau et partage que vous allez pouvoir gérer vos connexions réseau ainsi que les partages. La partie *Partage et découverte* vous propose plusieurs options :

■ **Recherche du réseau**. Par défaut, cette fonction est désactivée. Voici quelques explications sur le fait d'activer ou non cette recherche.

– **Activé**. Cet état vous permet d'afficher d'autres ordinateurs et périphériques sur le réseau à partir de votre ordinateur et permet à des personnes d'autres ordinateurs du réseau de voir votre ordinateur. Vous pouvez aussi accéder à des fichiers et des périphériques partagés, tandis que d'autres personnes peuvent accéder à des périphériques et des fichiers partagés sur votre ordinateur.

– **Désactivé**. Cet état vous empêche d'afficher d'autres ordinateurs et périphériques sur le réseau à partir de votre ordinateur et empêche les personnes d'autres ordinateurs du réseau de voir votre ordinateur. Vous ne pouvez pas accéder à des fichiers et des périphériques partagés sur d'autres ordinateurs, tandis que les autres personnes ne peuvent pas accéder aux périphériques et fichiers partagés sur votre ordinateur.

■ **Partage de fichier**. Par défaut, cette fonction est désactivée. Comme son nom l'indique, cela vous permet de partager des fichiers sur votre ordinateur. Lorsque le partage de fichiers est activé, toute personne connectée au réseau peut se connecter aux fichiers et imprimantes que vous avez partagés sur votre ordinateur.

■ **Partage de dossiers publics**. Par défaut, cette fonction est désactivée. Le dossier *Public* est un moyen pratique de partager des fichiers stockés sur votre ordinateur. Vous pouvez partager les fichiers de ce dossier avec d'autres personnes qui utilisent le même ordinateur ou avec des personnes qui emploient d'autres ordinateurs sur le même réseau. Tous les fichiers ou dossiers que vous placez dans le dossier *Public* sont automatiquement partagés avec les personnes ayant accès à votre dossier *Public*.

■ **Partage protégé par mot de passe**. Par défaut, cette fonction est activée. Seule fonction activée par défaut, elle vous permet de créer des partages avec un accès réservé aux personnes qui possèdent un mot de passe.

■ **Partage des fichiers multimédias**. Par défaut, cette fonction est désactivée. Une fois activée, cette fonction permet à des personnes ou des périphériques d'accéder aux fichiers musicaux, vidéos et aux images.

Matériel et audio

▲ Figure 6.11 : *Matériel et audio*

La partie *Matériel et audio* vous permet de gérer les éléments suivants :

■ Périphériques et Imprimantes ;

■ Exécution automatique ;

■ Son ;

■ Option d'alimentation ;

■ Affichage ;

- Centre de mobilité ;
- Stylet et fonction tactile ;
- Paramètre du Tablet PC.

Parmi les 8 icônes que propose la famille *Matériel et audio*, plusieurs éléments sont à retenir.

Options d'alimentation

Pour lancer *Options d'alimentation*, procédez comme suit :

1. Sélectionnez le menu **Démarrer**.

2. Cliquez sur **Panneau de configuration**.

3. Dans le volet droit du Panneau de configuration, cliquez sur **Matériel et audio**.

4. Cliquez sur **Options d'alimentation**.

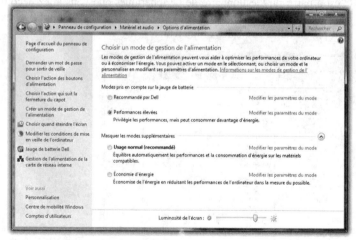

▲ Figure 6.12 : *Options d'alimentation*

Cette option vous permet de gérer le comportement de votre ordinateur lorsqu'il est branché sur secteur ou bien sur batterie. Cette option est surtout destinée aux ordinateurs portables. Windows fournit les modes de gestion de l'alimentation par défaut suivants pour vous permettre de gérer l'alimentation de votre ordinateur :

- **Équilibre** offre des performances maximales lorsque vous en avez besoin et économise l'énergie pendant les périodes d'inactivité.

- **Économies d'énergie** économise l'énergie en réduisant les performances système. Ce mode peut permettre aux utilisateurs d'ordinateur portable d'optimiser leur utilisation d'une simple charge de batterie.

- **Performances élevées** optimise les performances système et les temps de réponse. Les utilisateurs d'ordinateurs portables peuvent remarquer que leur batterie ne dure pas aussi longtemps lorsqu'ils utilisent ce mode.

Options d'alimentation vous permet de créer votre propre mode de gestion de l'alimentation au cas où les modes proposés ne remplissent vos conditions.

Gestionnaire de périphériques

C'est à partir du Gestionnaire de périphériques que vous allez découvrir l'anatomie de votre ordinateur. Vous allez voir si certains périphériques ne sont pas installés sur votre ordinateur.

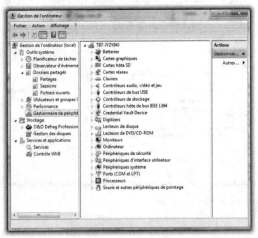

▲ Figure 6.13 : *Gestionnaire de périphériques*

Programmes

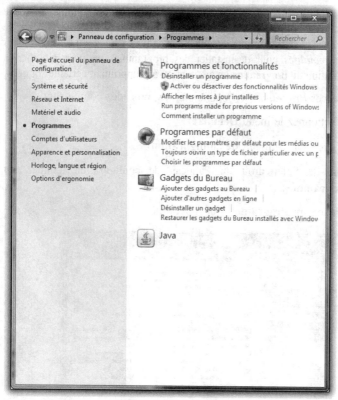

▲ Figure 6.14 : *Programmes*

La partie *Programmes* vous permet de gérer les éléments suivants :

- Programmes et fonctionnalités ;
- Programmes par défaut ;
- Gadget Bureau.

Parmi les 3 icônes que propose la famille *Programmes*, *Programmes et fonctionnalités* peut être un outil très utile. C'est à partir de là que vous allez pouvoir ajouter des programmes, en supprimer mais également ajouter des composants de Windows Vista qui ne sont pas encore installés.

Programme et fonctionnalités

Avec cette fonction, vous pouvez désinstaller un programme de votre ordinateur si vous n'en avez plus besoin ou si vous souhaitez libérer de l'espace disque sur votre disque dur. Vous pouvez faire appel à *Programmes et fonctionnalités* pour désinstaller des programmes ou pour modifier la configuration du programme en ajoutant ou en supprimant certaines options.

Pour lancer *Programme et fonctionnalités*, procédez comme suit :

1. Sélectionnez le menu **Démarrer**.

2. Cliquez sur **Panneau de configuration**.

3. Dans le volet droit du Panneau de configuration, cliquez sur **Programmes**.

4. Cliquez sur **Programmes et fonctionnalités**.

▲ Figure 6.15 : *Programme et fonctionnalités*

Comptes d'utilisateurs

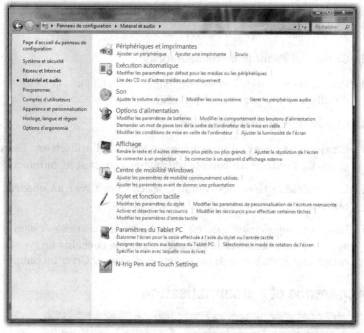

▲ Figure 6.16 : *Comptes d'utilisateurs et protection des utilisateurs*

La partie *Comptes d'utilisateurs* vous permet de gérer les éléments suivants :

- Comptes d'utilisateurs ;
- Gestionnaire d'informations d'identification ;
- Windows Cardspace ;
- Courrier.

Parmi les 4 icônes que propose la famille *Comptes d'utilisateurs et protection des utilisateurs*, Compte utilisateur et Contrôle parental peuvent être des outils très utiles. C'est à partir du contrôle parental que vous allez pouvoir surveiller, paramétrer et réguler l'utilisation d'Internet.

Comptes utilisateur

Pour créer un compte utilisateur, procédez comme suit :

1. Sélectionnez le menu **Démarrer**.

2. Cliquez sur **Panneau de configuration**.

3. Dans le volet droit du Panneau de configuration, cliquez sur **Comptes d'utilisateurs et protection des utilisateurs**.

4. Cliquez sur **Comptes utilisateurs**.

5. Cliquez sur **Ajouter ou supprimer des comptes d'utilisateurs**. Dans la fenêtre **Contrôle du compte utilisateur**, cliquez sur **Continuer**.

6. Dans la fenêtre **Gérer les comptes**, sélectionnez **Créer un nouveau compte**.

7. Dans le champ *Ce nom apparaîtra sur l'écran de bienvenue et dans le menu démarrer* de la fenêtre **Nommer le compte et choisir un type de compte**, saisissez le nom de votre choix et cliquez sur **Créer un compte**.

Apparence et personnalisation

▲ Figure 6.17 : *Apparence et personnalisation*

La partie *Système et maintenance* vous permet de gérer les éléments suivants :

- Personnalisation ;

- Affichage ;

- Gadget du Bureau ;

- Barre de tâches et menu Démarrer ;

- Options d'ergonomie ;

- Options de dossiers ;

- Polices.

Parmi les sept icônes d'*Apparence et personnalisation*, les propriétés du volet **Windows** vous permet de personnaliser le volet. Le nombre de barres, l'organisation droite ou gauche, etc.

Horloge, langue et région

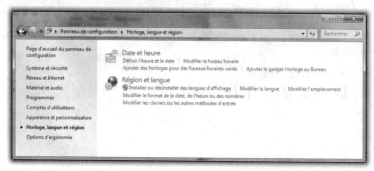

▲ Figure 6.18 : *Horloge, langue et région*

La partie *Apparence et personnalisation* vous permet de gérer les éléments suivants :

- Date et heure ;

- Options régionales et linguistiques.

Options d'ergonomie

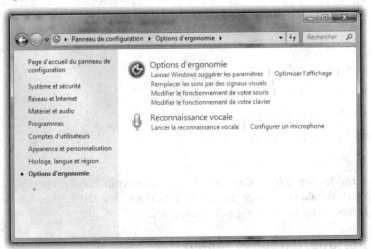

▲ Figure 6.19 : *Options d'ergonomie*

La partie *Options d'ergonomie* vous permet de gérer les éléments suivants :

- Options d'ergonomie ;
- Options de reconnaissance vocale.

7

Sécurisez Windows 7

Les menaces sur la sécurité sont en constante évolution. Or, chacun le sait, la sécurité est une préoccupation majeure. Pour rester protégé contre les menaces sur Internet et les réseaux sans fil, le système d'exploitation client doit également évoluer. Par le biais de plusieurs fonctionnalités, vous allez voir comment Windows 7 améliore la sécurité de manière significative en atténuant les menaces et la vulnérabilité.

Windows 7 reprend nombre des avancées introduites avec Windows Vista et déjà esquissées avec le Service Pack 2 de Windows XP. On retrouve *DEP* qui arrête automatiquement un programme dès que celui-ci effectue une opération non conforme en mémoire mais aussi le pare-feu logiciel intégré au système. On retrouve également dans Windows 7 des modifications apportées au mode d'exécution automatique, afin de limiter l'utilisation de cette fonctionnalité pour propager des virus.

Nous allons maintenant détailler un peu plus le Centre de maintenance, Windows Update, Windows Defender, l'antivirus et le pare-feu : c'est-à-dire la brique obligatoire sur un ordinateur de nos jours.

7.1   Le Centre de maintenance pour la sécurité

Windows 7 collecte et remonte toutes les informations et alertes de sécurité dans le Centre de maintenance. Cela a le grand avantage de regrouper en un seul endroit facilement accessible tous les messages importants liés à la sécurité. Auparavant sous Windows Vista, toutes ces informations étaient regroupées dans le Centre de sécurité. Celui-ci disparaît au profit du Centre de maintenance qui regroupe les informations de sécurité, de maintenance et de sauvegarde.

Pour découvrir le Centre de maintenance de Windows 7, procédez comme suit :

1. Cliquez sur le drapeau blanc situé dans la zone de notification de la Barre des tâches.

2. Cliquez sur **Centre de Maintenance**.

3. Ouvrez la section *Sécurité*.

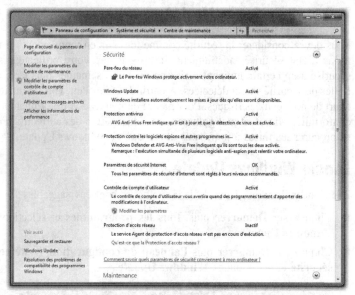

▲ Figure 7.1 : *Les informations de sécurité du Centre de maintenance de Windows 7*

Dans la fenêtre **Centre maintenance**, section **Sécurité**, de nouvelles catégories font leur apparition :

- La rubrique *Protection contre les logiciels espions et autres programmes indésirables* comprend l'état des logiciels antispywares.

- La rubrique *Contrôle de compte utilisateur* comprend l'état de la fonctionnalité UAC et permet d'accéder aux paramètres.

- La rubrique *Paramètres de sécurité Internet* comprend l'état de sécurité d'Internet Explorer. Si le niveau de sécurité des zones change, une notification apparaît.

- La rubrique *Protection d'accès réseau* vous informe si votre ordinateur est relié à un réseau de protection avec détection du niveau de santé (état antivirus, pare-feu, etc.) avec réparation automatique si le niveau de santé n'est pas le bon (utilisé en entreprise).

7.2 Windows Update

Vous devez considérer la sécurité comme toujours en mouvement : il n'y a pas d'état sécurisé indéfiniment. Il se peut que votre ordinateur soit sécurisé à un certain moment mais que quelques semaines plus tard, des failles de sécurité soient détectées. À partir de cet instant, votre ordinateur court de nouveau des risques. Pour mettre de nouveau votre ordinateur en conformité, Microsoft met gratuitement à disposition des correctifs. Pour se procurer les mises à jour, vous devez utiliser Windows Update.

Lancer Windows Update

Pour lancer Windows Update, deux méthodes sont envisageables :

- Cliquez sur **Démarrer** puis **Tous les programmes** et sélectionnez **Windows Update**.
- Cliquez sur **Démarrer** puis **Panneau de configuration**, **Système et sécurité** et sélectionnez **Windows Update**.

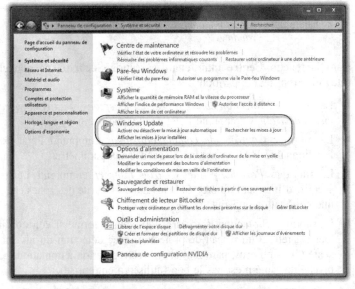

▲ Figure 7.2 : *Windows Update depuis le Panneau de configuration*

Savoir si votre ordinateur est à jour

Nous savons à présent qu'il est nécessaire de s'informer sur le niveau de mise à jour de Windows. Voyons comment procéder. Dans un premier temps, vous devez disposer d'une connexion Internet puis vous devez vous connecter à Windows Update.

Pour cela, procédez ainsi :

1. Cliquez sur **Démarrer**, **Tous les programmes** et sélectionnez **Windows Update**.

▲ Figure 7.3 : *Windows Update*

2. Dans le volet gauche de **Windows Update**, sélectionnez **Rechercher les mises à jour** (voir Figure 7.4).

Lorsque des mises à jour sont disponibles, Windows Update vous propose de les installer. Installez-les puis, si nécessaire, redémarrez votre ordinateur.

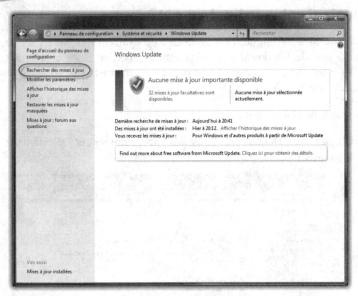

▲ Figure 7.4 : *Recherche de mises à jour*

Effectuer des mises à jour automatiques

Vous venez de voir que vous devez mettre régulièrement à jour votre ordinateur. Cependant, cela peut rapidement devenir une tâche fastidieuse, ou nous pouvons tout simplement à la longue oublier de le faire. Pour répondre à ce problème, Windows 7 propose d'effectuer des mises à jour automatiquement. Avec les mises à jour automatiques, il n'est plus nécessaire de rechercher des mises à jour en ligne ou de se préoccuper des correctifs critiques de Windows qui pourraient éventuellement faire défaut sur l'ordinateur. Windows recherche automatiquement les mises à jour les plus récentes pour votre ordinateur. Selon les paramètres de Windows Update que vous choisissez, Windows peut installer les mises à jour automatiquement ou vous signaler leur mise à disposition. Pour activer l'installation automatique de correctifs, procédez de la façon suivante :

1. Cliquez sur **Démarrer**, **Tous les programmes** et sélectionnez **Windows Update**.

2. Dans le volet gauche de **Windows Update**, sélectionnez **Modifier les paramètres**.

3. Dans la fenêtre **Choisissez comment Windows installe les mises à jour**, vérifiez que l'option *Installer les mises à jour automatiquement (recommandé)* est sélectionnée. Autrement, activez-la.

4. Cliquez sur OK.

▲ Figure 7.5 : *Activer la mise à jour automatique des correctifs*

Modifier vos paramètres

Pour modifier les paramètres et les mises à jour automatiquement, procédez comme suit :

1. Cliquez sur **Démarrer**, **Tous les programmes** et sélectionnez **Windows Update**.

2. Dans le volet gauche de **Windows Update**, sélectionnez **Modifier les paramètres**.

3. Dans la fenêtre **Choisissez comment Windows installe les mises à jour**, choisissez la fréquence des mises à jour puis cliquez sur OK.

Dans les paramètres modifiables, vous avez 4 sélections possibles :

– *Installer les mises à jour automatiquement (recommandé)*;
– *Télécharger des mises à jour mais me laisser choisir s'il convient de les installer* ;
– *Rechercher des mises à jour mais me laisser choisir s'il convient de les télécharger et de les installer.*
– *Ne jamais rechercher des mises à jour (non recommandé).*

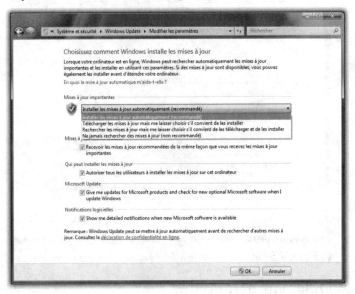

▲ Figure 7.6 : *Option Installer les nouvelles mises à jour*

Cette option permet de modifier le jour et l'heure auxquels Windows 7 contrôlera la disponibilité des nouvelles mises à jour.

Désactiver les mises à jour automatiques

Si vous souhaitez désactiver la mise à jour automatique des correctifs, procédez comme suit :

1. Cliquez sur **Démarrer**, **Tous les programmes** et sélectionnez **Windows Update**.

2. Dans le volet gauche de **Windows Update**, sélectionnez **Modifier les paramètres**.

3. Dans la fenêtre **Choisissez comment Windows installe les mises à jour**, sélectionnez la case *Ne jamais rechercher des mises à jour (non recommandé)*.

4. Cliquez sur OK.

Consulter la liste des mises à jour installées

Il arrive que nous ayons besoin de vérifier la liste des mises à jour installées sur notre ordinateur. Si cela devait être votre cas, procédez de la façon suivante :

1. Cliquez sur **Démarrer**, **Tous les programmes** et sélectionnez **Windows Update**.

2. Au niveau du volet droit de la fenêtre **Windows Update** se trouve un résumé concernant Windows Update.

3. Dans le champ *Des mises à jour ont été installées*, cliquez sur **Afficher l'historique des mises à jour**.

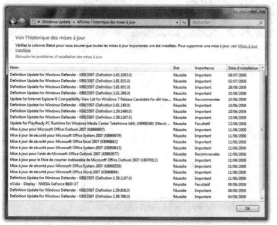

◄ Figure 7.7 :
Historique des mises à jour installées

7.3 Windows Defender

Windows Defender est un antispyware intégré à Windows 7 et destiné à un usage domestique. Il faut entendre par "usage domestique" l'absence de fonctionnalités d'administration.

Windows Defender est le logiciel de Microsoft pour lutter contre les malwares, il est intégré à Windows 7 depuis Vista. Il rassemble des fonctions de détection, de nettoyage et blocage en temps réel des spywares. Parmi ces actions, Windows Defender est ainsi capable de surveiller Internet Explorer et les composants logiciels chargés dans le navigateur, de vérifier les téléchargements. Windows Defender surveille aussi un certain nombre de points d'entrée fréquemment utilisés sur la machine par les spywares. Il peut s'agir par exemple de la clé de registre *HKLM\.....\RUN* qui permet à des logiciels de se maintenir à chaque redémarrage. La technologie de Windows Defender repose sur neuf agents de surveillance. Il offre la possibilité de réaliser une analyse du système rapide ou complète.

Pour découvrir l'interface de Windows Defender, sélectionnez le menu **Démarrer** (le logo de Windows 7) puis cliquez sur **Tous les programmes** et **Windows Defender**.

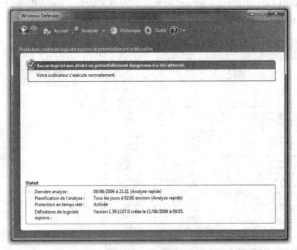

▲ Figure 7.8 : *La page d'accueil de Windows Defender*

Dans la partie supérieure de la fenêtre Windows Defender, vous voyez les menus proposés :

■ Le menu **Accueil** affiche l'état général de Windows Defender. Vous y retrouvez la date de la dernière recherche, l'état de la protection en temps réel et la version des signatures utilisées par Windows Defender.

■ Le menu **Analyser** analyse l'ordinateur à la recherche de spywares. Différentes analyses sont proposées (Analyse rapide, complète, personnalisée).

■ Le menu **Historique** affiche l'historique de toutes les activités de Windows Defender.

■ Le menu **Outils** regroupe plusieurs paramètres et outils et se décompose en quatre sections :

– *Options* affiche les paramètres généraux de Windows Defender.

– *Microsoft SpyNet* permet d'échanger de conseils avec la communauté Spynet.

– *Eléments en quarantaine* contient les éléments qui ont été mis en quarantaine.

– *Explorateur de logiciels* affiche les logiciels qui s'exécutent sur la machine, écoute le réseau et le niveau de classification associé.

▲ Figure 7.9 : *Affichage des options de Windows Defender*

Utilisation de Windows Defender

Les utilisateurs visés par Windows Defender se limitent aux particuliers. Windows Defender ne rentre pas dans le cadre de la gestion d'entreprise, c'est-à-dire qu'il n'exploite pas les stratégies de groupe ou la console d'administration centralisée. Il sera possible d'utiliser une version d'entreprise pour la gestion des malwares, mais cela sera proposé dans une version payante du produit nommée Microsoft ForeFront Client Protection. Cette version ne se limitera pas à la simple gestion de spywares, elle intégrera également l'antivirus de Microsoft et sera administrable sous forme de solution.

Utiliser Windows Defender

Même si Windows Defender n'est pas un logiciel d'entreprise car il ne possède pas de fonctions d'administration centralisées, il possède plusieurs fonctions. Il est possible de paramétrer des analyses automatiques et il est nécessaire de le mettre à jour.

Pour mettre Windows Defender à jour, procédez comme suit :

1. Sélectionnez le menu **Démarrer**, **Tous les programmes**, **Windows Defender**.

2. Cliquez sur **Vérifier maintenant**. Une fois la mise à jour terminée, le bouclier devient vert et il est possible de voir la date de la dernière définition de signatures.

Pour planifier les analyses automatiques, suivez ces étapes :

1. Sélectionnez le menu **Démarrer**, **Tous les programmes**, **Windows Defender**.

Dans la partie supérieure de la fenêtre Windows Defender, vous retrouvez les sections de l'outil.

2. Sélectionnez **Outils**, dans la fenêtre **Outils et options**. Cliquez sur **Options** sous la rubrique *Paramètres*.

3. Vérifiez que la case *Analyser automatiquement mon ordinateur (recommandé)* est cochée. C'est impératif pour paramétrer les différentes options.

4. Dans *Fréquence d'analyse*, sélectionnez *Mercredi*.

5. Dans *Heure*, choisissez *13:00*.

6. Dans le type d'analyse, laissez *(Analyse rapide)*.

7. Cochez la case *Rechercher les définitions mises à jour avant l'analyse*.

8. Cochez la case *Appliquer les actions par défaut aux éléments détectés lors d'une analyse*.

9. Cliquez sur *Enregistrer*.

Pour lancer une analyse manuelle, procédez comme suit :

1. Sélectionnez le menu **Démarrer**, **Tous les programmes**, **Windows-Defender**. Dans la partie supérieure de la fenêtre Windows Defender, vous retrouvez les sections de l'outil.

2. Sélectionnez la flèche du menu **Analyser**.

La fenêtre de sélection vous propose trois options d'analyse :

– *Analyse rapide* ;

– *Analyse complète* ;

– *Analyser les fichiers et les dossiers sélectionnés*.

3. Choisissez une des options d'analyse proposée puis cliquez sur **Analyser maintenant** (voir Figure 7.10).

Pour désactiver ou activer la protection en temps réel de Windows Defender, procédez comme suit :

1. Cliquez sur le menu **Démarrer** puis sur **Panneau de configuration**.

2. Sélectionnez l'icône *Système et Sécurité*.

▲ Figure 7.10 : *Analyse en cours*

3. Cliquez sur l'icône *Windows Defender*.

4. Cliquez sur **Outils** puis sur **Options**.

5. Sous la rubrique *Options de protection en temps réel*, activez la case à cocher *Utiliser la protection en temps réel (recommandé)*.

6. Sélectionnez les options voulues. Pour préserver vos données personnelles et protéger votre ordinateur, il est recommandé de sélectionner toutes les options de protection en temps réel.

7. Choisissez si Windows Defender doit vous avertir lors de certains événements. Sélectionnez les options requises puis cliquez sur **Enregistrer**.

Consulter l'historique

Vous pouvez si vous le souhaitez connaître l'activité de Windows Defender ; il garde une trace d'un grand nombre d'actions. Pour afficher l'historique de Windows Defender, procédez de la façon suivante :

1. Sélectionnez le menu **Démarrer**, **Tous les programmes**, **Windows Defender**.

2. Cliquez sur **Historique**.

3. Pour supprimer tous les éléments de la liste, cliquez sur **Effacer l'historique**. Si vous êtes invité à fournir un mot de passe administrateur ou une confirmation, fournissez le mot de passe ou la confirmation.

7.4 Un antivirus pour Windows 7

Existe-t-il un antivirus intégré à Windows 7 ? Comme sous toutes les versions précédentes de Windows, la réponse est non. Vous allez devoir utiliser un antivirus d'un autre éditeur. De toute façon, de nos jours, la présence d'un antivirus sur un ordinateur est une nécessité absolue tout en ne vous garantissant pas une sécurité absolue à lui seul.

Lorsque vous installez ou démarrez Windows 7 pour la première fois, aucun antivirus n'est installé. Un message apparaît dans le centre de maintenance. Celui-ci indique qu'aucun antivirus ne protège l'ordinateur. Vous pouvez accéder à un site web vous donnant des liens vers les antivirus les plus connus du marché et compatibles avec Windows 7.

◄ Figure 7.11 :
Avertissement du centre de maintenance : il n'y a pas d'antivirus

Pour illustrer l'installation et la configuration d'un antivirus sous Windows 7, nous avons choisi de vous présenter Avast!, un des antivirus les plus utilisés à la maison.

Utiliser Avast! Antivirus édition familiale

Avast! antivirus édition familiale est une protection antivirale disponible gratuitement pour une utilisation non commerciale, à la maison.

Il est conçu pour protéger les données et les programmes. Avast! offre une protection résidente et peut ainsi se maintenir à jour automatiquement par Internet (réception des mises à jour de la base virale ainsi que du programme lui-même). Vous installez et vous oubliez la présence de l'outil : tout est automatique.

À la différence de certains logiciels antivirus gratuits, ses mises à jour s'effectuent automatiquement dès la connexion à Internet, à l'instar de ses concurrents payants. Avast! bénéficie également d'un moteur antirootkit et antispyware depuis sa version 4.8.1169, ce qui en fait une suite de sécurité fort intéressante.

Avast! permet l'analyse en temps réel :

- Des documents ouverts et des programmes exécutés.
- Des emails entrants et sortants.
- Des fichiers envoyés et reçus par messagerie instantanée (support de tous les principaux clients).
- Des fichiers partagés sur les réseaux peer-to-peer (support de tous les principaux clients).
- Des pages web (support de tous les principaux navigateurs).
- Des tentatives d'intrusion de vers "Internet".
- Et dans sa version professionnelle, donc payante, Avast! assure le blocage des scripts malveillants.

Commencez par télécharger Avast! Antivirus édition familiale à l'adresse suivante : http://www.avast.com/fre/avast_4_home.html. Téléchargez le produit et passez à la phase d'installation :

1. Exécutez le fichier d'installation fraîchement téléchargé en cliquant deux fois dessus.

2. Suivez les instructions à l'écran. Passez le message de bienvenue puis validez le contrat d'utilisation.

3. À la fenêtre de *configuration*, assurez-vous que tous les éléments de la protection résidente sont actifs et choisissez la langue d'utilisation.

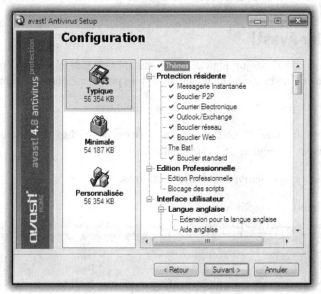

▲ Figure 7.12 : *Fenêtre de configuration lors de l'installation d'Avast!*

4. À la fin de l'installation, redémarrez votre ordinateur.

Suite au redémarrage, un message d'enregistrement d'Avast! pour un usage familial s'affiche. N'oubliez pas de procéder à cet enregistrement pour valider votre clé d'utilisation gratuite. Une fois terminé, votre protection Avast! est active. Le produit vous protègera et vous alertera en cas d'infection.

Pour vous assurer qu'Avast! fonctionne correctement sur votre ordinateur, surveillez le petit globe dans la zone de notification de la Barre des tâches de Windows. Lorsqu'il change de couleur, c'est qu'un problème est survenu. De toute façon, Avast! vous signalera ce qu'il faut faire par un message explicatif.

◄ Figure 7.13 :
*Icône de
surveillance
d'Avast! dans la
Barre des tâches*

Régler Avast!

Bien qu'Avast! soit un logiciel autonome qui demande bien peu d'interaction et d'investissement, regardons de plus près comment le configurer.

Pour cela, lancez l'interface utilisateur simplifiée :

1. Dans la zone de notification de la Barre des tâches de Windows, cliquez du bouton droit sur l'icône *Avast!*.

2. Cliquez sur **Démarrer**, **Avast! Antivirus**.

3. L'interface simplifiée se lance.

▲ Figure 7.14 : *L'interface simplifiée d'Avast!*

4. Sélectionnez les zones à analyser.

   – Si vous désirez analyser tout le contenu des disques de l'ordinateur, cliquez sur l'icône *Disques locaux*. (Il s'agit d'une icône représentant un disque dur, positionnée en haut à droite.)

   – Si vous désirez analyser le contenu d'un disque amovible, tel qu'un CD, cliquez sur l'icône mé*dia amovible* (représenté par un CD). Si vous cliquez dessus, un menu va s'ouvrir pour vous

proposer de scanner les disquettes (et aussi des supports magné-
tiques ou magnéto-optiques comme les disquettes ZIP), un CD ou
un DVD.

– La dernière option est l'icône *dossiers sélectionnés* qui représente
un dossier entrouvert. Si vous cliquez dessus, une fenêtre s'ouvrira
et proposera la liste complète des dossiers de vos disques. Il vous
suffira de cocher les zones que vous désirez analyser. Cette option
offre donc plus de flexibilité, mais nécessite de savoir exactement
ce que l'on veut scanner.

Vous pouvez également combiner ces sélections, par exemple, vous
pouvez sélectionner tous les disques locaux et un disque amovible.

Après avoir sélectionné les zones à analyser, vous avez la possibilité de
définir comment le test sera effectué. En particulier vous pouvez choisir la
sensibilité du scanner et si vous souhaitez analyser le contenu des fichiers
compressés. Le niveau de sensibilité détermine l'exhaustivité et la minutie
de l'analyse. Le curseur de sensibilité vous permet d'ajuster le niveau
d'analyse. Les trois niveaux prédéfinis sont rapide, standard et minutieux.

▲ Figure 7.15 : *Définition du niveau de scan*

■ Le premier niveau, *scan rapide*, va permettre une recherche très rapide
basée sur les noms de fichiers. La recherche se portera sur les fichiers
potentiellement dangereux, comme les programmes et les documents.
Ce type de recherche peut conduire à des erreurs d'appréciation,
laissant des virus cachés dans d'autres fichiers, mais la plupart du
temps, cela sera suffisant.

■ Avec le second mode, *scan normal*, les fichiers seront scannés sur la base de leur contenu et non sur la base de leurs noms comme pour le scan rapide. Seule la partie "dangereuse" des fichiers sera contrôlée et non la totalité du fichier. Bien que pouvant encore laisser passer des virus entres les mailles du filet, cette technique est plus lente mais beaucoup plus efficace que le scan rapide.

■ Le mode le plus élevé, *scan minutieux*, va ouvrir tous les fichiers et tester la totalité du contenu des fichiers et y rechercher la présence de la totalité des virus définis. Ce mode exhaustif est le plus fiable mais naturellement, il prendra beaucoup plus de temps que les deux premiers.

À côté du choix du mode, vous pouvez aussi définir si vous souhaitez poursuivre la recherche dans les fichiers d'archive (*ZIP*, *RAR*, *ACE*, *ARJ*, etc.).

Après avoir choisi ces options, tout ce qu'il vous reste à faire est de cliquer sur le bouton **Démarrer** (représenté par le pictogramme "lecture" semblable à ceux que l'on peut trouver sur les chaînes hi-fi).

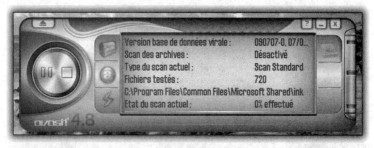

▲ Figure 7.16 : *Avast! Analyse en cours*

Une autre fonctionnalité apportée par Avast! (et peut-être la plus importante) est la protection résidente (protection permanente de tous les fichiers auxquels vous accédez). C'est un programme qui contrôle en permanence l'ensemble de l'ordinateur (le système d'exploitation et tous les programmes qui s'exécutent) et surveille les activités suspectes (l'exécution d'un virus). Cela permettra d'intercepter les virus et de les empêcher de causer des dégâts à vos fichiers dans votre ordinateur.

Avast! vous propose que la protection résidente vous simplifie la vie. La plupart du temps, vous n'avez pas à vous en préoccuper. Vous n'avez rien à faire, elle sera lancée automatiquement au démarrage de l'ordinateur et si tout est sain, vous ne noterez même pas qu'elle est active.

Il peut être nécessaire de mettre en pause la tâche résidente ou d'en changer la sensibilité. Pour ce faire, cliquez sur l'icône *Avast!* dans la Barre des tâches pour faire apparaître la page de réglage de la protection résidente.

7.5   Le pare-feu de Windows 7

Le pare-feu de Windows 7 vous aide à empêcher les utilisateurs ou logiciels non autorisés (comme les vers) d'accéder à votre ordinateur depuis un réseau ou Internet. Un pare-feu peut également empêcher votre ordinateur d'envoyer des éléments logiciels nuisibles à d'autres ordinateurs.

Le pare-feu vient en complément d'un antivirus. Par défaut, le pare-feu est activé. Néanmoins, regardons d'un peu plus près comment le configurer.

Utiliser le pare-feu standard de Windows 7

Pour lancer le pare-feu Windows, procédez de la façon suivante :

1. Cliquez sur le menu **Démarrer** puis **Panneau de configuration**.

2. Sélectionnez **Système et sécurité**.

3. Dans le volet droit de la fenêtre, sélectionnez **Pare-feu Windows** (voir Figure 7.17).

Cette nouvelle interface montre l'état du pare-feu réseau par réseau. Les paramètres peuvent être différents.

En cliquant sur le lien `Activer ou désactiver le pare-feu Windows` dans la colonne de gauche de la fenêtre, vous pouvez contrôler finement le statut du pare-feu réseau par réseau (voir Figure 7.18).

▲ Figure 7.17 : *Le Pare-feu Windows 7*

▲ Figure 7.18 : *Activer ou désactiver le pare-feu Windows*

Voici ce que vous pouvez faire avec ces paramètres et quand les utiliser.

L'option Activer le pare-feu Windows

Ce paramètre est sélectionné par défaut. Lorsque le pare-feu Windows est activé, la communication est bloquée pour la plupart des programmes. Si vous souhaitez débloquer un programme, vous pouvez l'ajouter à la liste des exceptions. Par exemple, vous ne pourrez peut-être pas envoyer des photos à l'aide d'un programme de messagerie instantanée avant d'avoir ajouté ce programme sur la liste des exceptions.

Pour activer le pare-feu Windows, procédez de la façon suivante :

1. Cliquez sur le menu **Démarrer** puis sur **Panneau de configuration**.

2. Sélectionnez **Système et sécurité**.

3. Dans le volet droit de la fenêtre, sélectionnez **Pare-feu Windows**.

4. Cliquez sur le lien Activer ou désactiver le pare-feu Windows dans la colonne de gauche de la fenêtre.

5. Selon le réseau choisi, cliquez sur *Activer le pare-feu Windows* puis sur OK.

Vous pouvez cocher ou décocher l'option *Me prévenir lorsque le pare-feu Windows bloque un nouveau programme*. Il est conseillé de maintenir cette option cochée.

L'option Désactiver le pare-feu Windows

Évitez d'utiliser ce paramètre à moins qu'un autre pare-feu ne soit exécuté sur votre ordinateur. La désactivation du pare-feu Windows peut rendre votre ordinateur (et votre réseau si vous en utilisez un) plus vulnérable à des attaques de pirates informatiques ou de logiciels malveillants tels que des vers.

Pour désactiver le pare-feu Windows, procédez de la façon suivante :

1. Cliquez sur le menu **Démarrer** puis sur **Panneau de configuration**.

2. Sélectionnez **Système et sécurité**.

3. Dans le volet droit de la fenêtre, sélectionnez **Pare-feu Windows**.

4. Cliquez sur le lien `Activer ou désactiver le pare-feu Windows` dans la colonne de gauche de la fenêtre.

5. Selon le réseau choisi, cliquez sur *Désactiver le pare-feu Windows (non recommandé)* puis sur OK.

Parfois, en entreprise, il peut être judicieux de laisser le pare-feu actif sur le réseau de domaine de l'entreprise mais par contre de désactiver le pare-feu sur un réseau privé de test, comme les réseaux privés créés par les outils de virtualisation comme VMware ou Virtual PC.

L'option Bloquer toutes les connexions entrantes, y compris celles de la liste des programmes

Ce paramètre bloque toutes les tentatives non sollicitées de connexion entrante à votre ordinateur. Utilisez ce paramètre lorsque vous avez besoin d'une protection maximale pour votre ordinateur, par exemple lorsque vous vous connectez à un réseau public dans un hôtel ou un aéroport ou lorsqu'un ver dangereux se répand sur Internet. Si ce paramètre est activé, vous n'êtes pas averti lorsque le pare-feu Windows bloque tous les programmes, et les programmes de la liste des exceptions sont ignorés.

Lorsque vous sélectionnez *Bloquer toutes les connexions entrantes, y compris celles de la liste des programmes*, vous pouvez afficher la plupart des pages web, recevoir et envoyer du courrier électronique ainsi que des messages instantanés.

1. Cliquez sur le menu **Démarrer** puis sur **Panneau de configuration**.

2. Sélectionnez **Système et sécurité**.

3. Dans le volet droit de la fenêtre, sélectionnez **Pare-feu Windows**.

4. Cliquez sur le lien `Activer ou désactiver le pare-feu Windows` dans la colonne de gauche de la fenêtre.

5. Selon le réseau choisi, cliquez sur *Activer le pare-feu Windows, Bloquer toutes les connexions entrantes, y compris celles de la liste des programmes* puis sur OK.

Autoriser un programme ou une fonctionnalité via le pare-feu Windows

Comme avec le pare-feu Vista ou XP, vous avez la possibilité d'autoriser spécifiquement une application à communiquer au travers du pare-feu. Pour cela :

1. Cliquez sur le menu **Démarrer** puis sur **Panneau de configuration**.

2. Sélectionnez **Système et sécurité**.

3. Dans le volet droit de la fenêtre, sélectionnez **Pare-feu Windows**.

4. Cliquez sur le lien Autoriser un programme ou une fonctionnalité via le pare-feu Windows dans la colonne de gauche de la fenêtre.

▲ Figure 7.19 : *Autorisation de programmes dans le pare-feu Windows 7*

5. Cochez les réseaux des programmes à laisser communiquer et cliquez sur OK.

La nouveauté est que vous pouvez autoriser un programme ou une fonctionnalité à communiquer au travers du pare-feu réseau par réseau. Simplement en cochant une ou plusieurs cases en regard des noms des applications ou fonctionnalités. Vous pouvez même cocher plusieurs réseaux pour une même application.

7.6 En bref

La sécurité de votre ordinateur, et par extension, de vos données, est capitale. Vous vous devez de protéger correctement votre ordinateur. Pour cela, Windows 7 vous propose un pare-feu, Windows Defender, contre les spyware et Windows Update pour maintenir votre système à jour. N'oubliez pas, non plus, d'installer un antivirus.

8

Naviguez avec Internet Explorer 8

La version d'Internet Explorer incluse de base avec Windows 7 est la version 8. Contrairement à Windows Vista, Windows 7 n'inaugure pas une nouvelle version d'Internet Explorer puisque la version 8 était déjà disponible pour Windows XP et Windows Vista.

Si vous avez déjà un ordinateur sous Windows Vista ou Windows XP, vous ne serez pas perdu car il y a de fortes chances qu'Internet Explorer 8 se soit installé lors d'une mise à jour du système d'exploitation.

En plus de cela, Internet Explorer 8 ressemble visuellement à son prédécesseur Internet Explorer 7 même s'il offre de nombreuses nouveautés et améliorations.

▲ Figure 8.1 : *Internet Explorer 8*

Cette version 8 d'Internet Explorer a été conçue pour vous faciliter encore plus la navigation sur le Web, vous rendre encore plus productif et également améliorer nettement les performances d'affichage des pages web.

Internet Explorer 8 facilite la navigation grâce à l'utilisation d'onglets, des recherches depuis la Barre d'outils, des fonctions d'impression avancées, la découverte et la lecture de flux RSS, l'abonnement à ces flux, et plus encore.

Visuellement, le cadre d'Internet Explorer 8 a été réorganisé pour le rendre beaucoup plus simple, plus intuitif et moins encombré par des éléments inutiles. Cela augmente la zone d'écran dédiée aux pages web que vous souhaitez afficher et facilite ainsi la navigation sur Internet.

Vous allez prendre en main Internet Explorer 8 de Windows 7 et découvrir ses principales fonctionnalités.

Pour ouvrir Internet Explorer 8, cliquez sur le logo **e** bien connu d'Internet Explorer dans la Barre des tâches.

▲ Figure 8.2 : *Internet Explorer 8 dans la Barre des tâches*

Ou cliquez sur le logo Windows de démarrage, puis sur **Tous les programmes** et sur **Internet Explorer**.

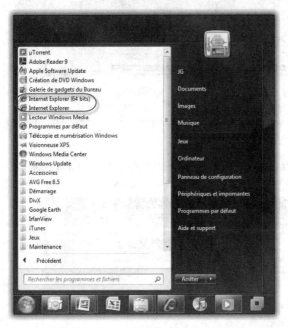

◄ Figure 8.3 :
Internet Explorer 8 dans le menu Démarrer

8.1   Utiliser les onglets

Cette fonctionnalité vous permet d'ouvrir plusieurs sites web dans une seule fenêtre du navigateur. Si plusieurs onglets sont ouverts, utilisez la fonction **Onglets rapides** pour passer facilement à d'autres onglets.

Pour ouvrir une fenêtre Internet :

1. Cliquez sur le bouton **Internet Explorer**.

2. Cliquez sur la commande **Nouvel Onglet** ou utilisez Ctrl+T.

▲ Figure 8.4 : *Ouverture d'une nouvelle fenêtre*

3. Pour fermer une fenêtre Internet, cliquez sur l'onglet ou utilisez Ctrl+W.

4. Pour parcourir en mode Liste les différents sites Internet que vous avez ouverts, vous pouvez utiliser les *Onglets rapides*.

▲ Figure 8.5 : *Utilisation des Onglets rapides*

5. Si vous souhaitez visualiser l'ensemble des sites que vous avez ouverts, sélectionnez l'aperçu en mosaïque en cliquant sur [Ctrl]+[Q].

▲ Figure 8.6 : *L'aperçu en mosaïque*

astuce

Accéder au menu classique

Si vous souhaitez utiliser le menu classique d'Internet Explorer, comme dans sa version précédente, placez-vous sur la fenêtre d'Internet Explorer et appuyez sur la touche [Alt].

Désactiver les onglets

Même si les onglets constituent un atout dans le confort d'utilisation d'Internet Explorer, ils ne sont pas du goût de tout le monde. C'est pourquoi vous avez la possibilité de les désactiver :

1. Cliquez sur le bouton **Internet Explorer**.

2. Cliquez sur le bouton **Outils**, puis sur **Options Internet**.

3. Cliquez sur l'onglet **Général**. Dans la section *Onglets*, cliquez sur **Paramètres**.

▲ Figure 8.7 : *Le bouton Outils*

4. Désactivez la case à cocher *Activer la navigation avec onglets*.

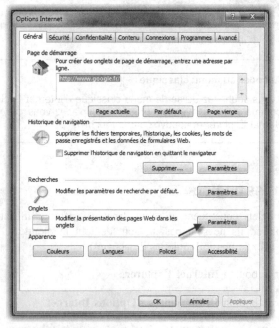

▲ Figure 8.8 : *Les paramètres des onglets de navigation*

5. Cliquez deux fois sur OK.

6. Fermez Internet Explorer puis rouvrez-le.

8.2 Gérer les Favoris

Les Favoris sont un moyen pratique de capitaliser vos visites sur Internet. Internet Explorer vous permet d'enregistrer vos sites Favoris, vous n'avez plus ainsi à taper leur adresse ; surtout quand on sait qu'il est rare aujourd'hui de ne consulter qu'une page. Prenons comme exemple une personne qui consulte très régulièrement les sites consacrés à la Bourse, à l'actualité générale ou spécialisée comme l'informatique. Vous l'avez compris, saisir toutes ces adresses devient vite mission impossible. La solution consiste à ajouter un Favori quand on sait que l'on va consulter la page à plusieurs reprises, à utiliser les Favoris pour ouvrir ses pages et à organiser ses Favoris pour ne pas s'y perdre.

Ajouter des Favoris

Dans cet exemple, vous allez ajouter les sites favoris liés à l'informatique, à la Bourse et à l'actualité.

1. Saisissez l'adresse suivante : `http://www.microapp.com`.

2. Ajoutez cette adresse dans les Favoris à l'aide de Ctrl+D ou en cliquant sur l'icône *Favoris* puis sur **Ajouter aux favoris**.

◄ Figure 8.9 :
Ajouter une adresse Internet aux favoris

3. Répétez cette opération avec les adresses suivantes :

- `http://www.google.fr/` ;
- `http://technet.microsoft.com/` ;
- `http://www.lemonde.fr/` ;
- `http://www.clubic.com/` ;
- `http://www.lequipe.fr/` ;
- `http://www.radiofrance.fr/` ;
- `http://www.allociné.fr/`.

Vous voici à présent avec 7 sites Internet en tant que Favoris ; il est facile d'imaginer que la liste va s'allonger davantage.

Consulter les Favoris

L'intérêt d'archiver les Favoris est que vous pouvez consulter les sites en très peu de temps sans saisir les adresses et risquer de commettre des erreurs ou tout simplement oublier le nom exact du site. Pour consulter vos Favoris, cliquez sur l'étoile d'Internet Explorer ou sur [Alt]+[C].

Organiser les Favoris

Puisque les Favoris apportent beaucoup de souplesse dans l'utilisation d'Internet, il devient important de les organiser. Imaginez une dizaine de centres d'intérêt avec pour chacun une quinzaine d'adresses de sites... Pour ce faire :

1. Cliquez sur le bouton **Internet Explorer**.

2. Appuyer sur les touches [Alt]+[Z] pour ouvrir le menu des Favoris.

3. Dans le menu **Favoris**, cliquez sur **Organiser les Favoris**.

4. Dans la fenêtre **Organiser les Favoris**, cliquez sur **Nouveau dossier** (voir Figure 8.10).

5. Dans le nouveau dossier, tapez `Actualité Informatique`. Répétez l'opération et saisissez `Divertissements` et `Actualité Générale`.

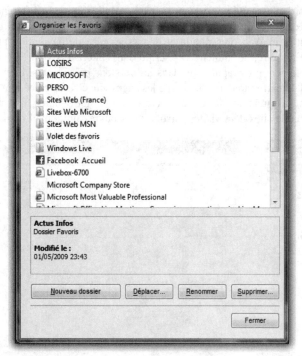

▲ Figure 8.10 : *La fenêtre Organiser les favoris*

6. Pour commencer à organiser vos sites, sélectionnez par exemple le lien représentant le site de divertissement *AlloCiné* et cliquez sur **Déplacer**.

7. Dans la fenêtre **Recherche d'un dossier**, sélectionnez *Divertissements* et cliquez sur OK. Répétez cette action pour chacun de vos Favoris puis cliquez sur **Fermer**.

8.3 Les améliorations de surf d'Internet Explorer 8

Internet Explorer 8 regorgeant de nouveautés et d'améliorations, vous allez maintenant découvrir toutes ces nouvelles fonctions.

Tout d'abord, c'est côté performances que vous allez sentir la différence. Internet Explorer 8 inclut plusieurs améliorations de performances qui contribuent à un Web plus rapide et une expérience de navigation plus réactive. En outre, le moteur de script dans Internet Explorer 8 est considérablement plus rapide que dans les versions précédentes. Internet Explorer 8 démarre rapidement, charge les pages vite et vous place tout de suite dans la situation de ce que vous voulez faire après par des propositions de sites déjà visités lorsque vous ouvrez un nouvel onglet.

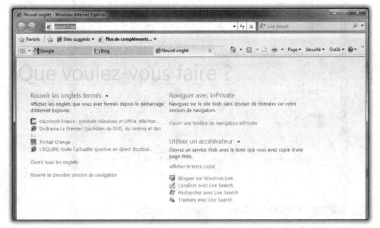

▲ Figure 8.11 : *La fonction Nouvel onglet vous propose des sites déjà visités pour aller plus vite*

Améliorée pour Internet Explorer 8, la page d'onglets est plus utile que jamais. À partir de cette page, vous pouvez lancer un hôte de services web et ouvrir des onglets préalablement fermés ou commencer une session *InPrivate*. Autre amélioration notable en ce qui concerne les onglets ; la possibilité de regrouper les onglets par couleurs et de mieux les contrôler. Le regroupement des onglets vous permet de rester organisé tout en naviguant sur plusieurs pages web. Les onglets sont désormais visuellement associés les uns aux autres. Ainsi, vous pouvez gagner du temps en fermant un ensemble d'onglets associés en tant que groupe au lieu de les fermer un par un. Vous pouvez également cliquer du bouton droit sur un onglet pour fermer les groupes d'onglets, dissocier un onglet unique ou dupliquer un onglet.

▲ Figure 8.12 : *Les onglets sont groupés par couleurs*

Dans cet exemple, vous notez 2 groupes d'onglets. En cliquant du bouton droit sur un onglet d'un groupe, la fonction **Fermer ce groupe d'onglets** apparaît pour fermer automatiquement les onglets d'une même couleur. Comment afficher des onglets d'une même couleur ? Tous les sites que vous ouvrez provenant d'un même regroupement de Favoris s'afficheront de la même couleur, ainsi que les sites provenant d'un lien dans une même page de résultat d'un moteur de recherche.

En parlant de recherche, cette nouvelle version améliore également les fonctionnalités de recherche. Tout d'abord en optimisant la Barre d'adresses, en la rendant intelligente.

▲ Figure 8.13 : *Recherche facilitée par la Barre de recherche intelligente*

À partir de la Barre d'adresses, Internet Explorer 8 vous aide dans votre recherche à mesure que vous tapez les mots-clés de votre recherche. En utilisant cette fonction de recherche pour obtenir des performances plus rapides et un retour d'informations plus important, la Barre d'adresses intelligente offre des suggestions utiles provenant de votre historique de navigation, de vos Favoris et des flux. Les mots uniques font correspondre des noms de domaines simples, ce qui permet de rendre la recherche sur Internet plus rapide et plus efficace.

Lors de la recherche, il est important que vous obteniez les meilleurs résultats. Avec Internet Explorer 8, la recherche inclut également les résultats de votre historique local et des suggestions de votre moteur de recherche favori. En outre, avec les sélections rapides, vous pouvez facilement basculer entre les moteurs de recherche et la zone *Rechercher* sur la page, d'un seul clic. Également, La nouvelle zone de recherche d'Internet Explorer 8 s'est améliorée avec la possibilité d'ajouter des graphiques et des images, vous permettant de trouver exactement ce que vous recherchez, facilement et rapidement. Pour cela, saisissez votre recherche dans la zone de recherche rapide.

▲ Figure 8.14 : *Les résultats de recherche dans la zone de recherche rapide*

Enfin, concernant la recherche, Internet Explorer 8 inclut une meilleure recherche sur page. En effet, Internet Explorer 8 inclut une nouvelle Barre de recherche sur page qui s'active en appuyant sur les touches [Ctrl]+[F] lorsque vous lisez une page web. Cette barre, totalement redessinée, vous permet de lancer une recherche sur des mots ou expressions présents sur la page web. Le résultat est alors surligné en jaune.

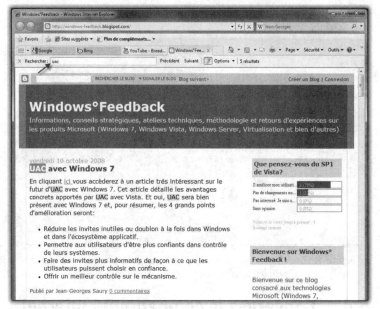

▲ Figure 8.15 : *La Barre de recherche sur page*

La Barre de recherche sur page apparaît sous l'onglet et surligne votre recherche caractère après caractère (n'attend pas que vous ayez fini de taper le mot à rechercher).

Lorsque vous visitez un site, son domaine est mis en évidence dans la Barre d'adresses. Ceci vous permet de vous alerter sur les sites web malveillants. Vous réduisez ainsi le risque de divulguer vos informations personnelles.

Pour terminer, Internet Explorer 8 inclut la notion de *Sites suggérés*. Cette fonctionnalité part du principe que si vous aimez le site que vous visitez actuellement, vous serez intéressé pour visiter un site similaire. C'est l'idée directrice de la nouvelle fonction des sites suggérés d'Internet Explorer 8. Internet Explorer 8 peut utiliser votre historique de navigation pour suggérer d'autres sites que vous pouvez apprécier ou trouver utiles. Ainsi, Internet Explorer 8 vous permet d'utiliser Internet de manière optimale.

▲ Figure 8.16 : *Cliquez sur le bouton Sites suggérés pour obtenir des propositions de sites*

8.4   Conservez la compatibilité Internet Explorer 7 avec Internet Explorer 8

Bien souvent, quand on passe d'une version de navigateur à une autre, certains sites web, non mis à jour, ne s'affichent pas correctement sur la dernière version du navigateur. C'est pourquoi Internet Explorer 8 inclut un bouton d'affichage de la compatibilité.

Le bouton d'affichage de la compatibilité intégré à Internet Explorer 8 vous permet d'afficher des sites web conçus pour des navigateurs plus anciens. Cliquez sur le bouton **Affichage de la compatibilité** si vous observez des problèmes sur le site web tels que du texte, des images ou des zones de texte non alignés. Il se trouve près du bouton **Actualiser** sur la Barre d'adresses.

▲ Figure 8.17 : *Affichage de la compatibilité*

Lorsque vous visitez un site qui présente un défaut graphique ou qui ne se charge pas, cliquez sur le bouton d'affichage de la compatibilité. Le site s'ouvre comme s'il était ouvert avec Internet Explorer 7.

Cette option est utilisable site par site et tous les autres sites continueront à afficher avec la fonctionnalité D'internet Explorer 8. Pour revenir à la navigation avec la fonctionnalité Internet Explorer 8 sur ce site, cliquez à nouveau sur le bouton **Affichage de la compatibilité**.

Vous pouvez maintenir une liste dans Internet Explorer 8 pour les sites qui doivent être affichées dans la vue de compatibilité. Pour cela, à partir de la Barre de commandes, cliquez sur **Outils**, puis **paramètres d'affichage de la compatibilité** et ajoutez et/ou supprimez des sites dans cette liste de compatibilité. Il existe également des options pour afficher tous les sites web et intranet en mode de compatibilité.

◄ Figure 8.18 :
Liste des sites à afficher en mode de compatibilité

Cette fonctionnalité est très utile mais, à n'en pas douter, les sites se rendront compatibles petit à petit avec cette version d'Internet Explorer.

8.5 Utilisez les accélérateurs

Avec Internet Explorer 8 sous Windows 7, vous pouvez effectuer plus de tâches plus rapidement sur Internet. Les accélérateurs fournissent un accès instantané pour obtenir différentes informations sur la recherche de cartes, la recherche Internet, la messagerie électronique, le blog, la traduction automatique et davantage. C'est très pratique. Mettez simplement en évidence un mot ou une phrase sur une page d'un site web pour exploiter les accélérateurs. Un symbole bleu s'affiche lorsque vous sélectionnez un mot ou du texte.

▲ Figure 8.19 : *Lorsque du texte est sélectionné, l'icône des accélérateurs apparaît*

Cliquez sur l'icône des accélérateurs. La liste des accélérateurs apparaît. Rien qu'en passant sur le accélérateurs avec la souris, vous pouvez localiser, traduire, etc. le mot sélectionné dans la page web.

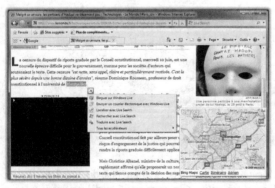

▲ Figure 8.20 : *Localisation instantanée avec les accélérateurs*

Vous pouvez télécharger d'autres accélérateurs à partir du menu des accélérateurs en cliquant sur **Tous les accélérateurs** puis sur **Rechercher d'autres accélérateurs**.

8.6 Utilisez les Web Slices

Autre nouveauté d'Internet Explorer 8 : les Web Slices. Les Web Slices vous permettent de contrôler les informations les plus importantes selon vous. Désormais, vous pouvez vous abonner au contenu spécifique d'une page et consulter des informations sur des articles mis aux enchères, des résultats sportifs, des éditoriaux sur des divertissements, des bulletins météo et davantage. Internet Explorer 8 fournit automatiquement des informations mises à jour directement pour un Web Slice dans votre volet des Favoris, le tout sans quitter la page sur laquelle vous vous trouvez.

Vous pouvez comparer le Web Slice à un flux RSS beaucoup plus évolué qui n'affiche pas que du texte mais aussi du contenu riche. Le principe est le même que pour un flux RSS. Il vous faut repérer un site qui propose un abonnement à un Web slice puis vous abonner.

▲ Figure 8.21 : *S'abonner à un Web Slice*

Pour vous abonner c'est très simple, lorsqu'un site inclut un Web slice, le bouton orange des flux RSS en haut à droite d'Internet Explorer 8 se transforme en un bouton vert indiquant la présence d'un Web slice. Cliquez dessus.

Le résultat est ludique et pratique. Depuis n'importe quel site, vous pouvez consulter les articles (avec liens, photos, contenu) du site proposant le Web Slice.

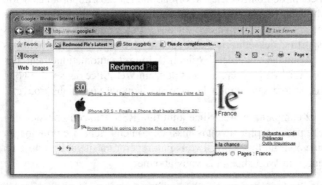

▲ Figure 8.22 : *Affichage des informations du Web Slice*

> **Trouver des Web Slices intéressants**
>
> À l'adresse suivante, vous trouverez des Web Slices pour tous les goûts : http://www.ieaddons.com/fr/webslices

8.7 Naviguez en confiance avec le mode InPrivate

Selon les circonstances, vous ne souhaiterez pas laisser de trace de votre activité de navigation web, comme lorsque vous voudrez consulter vos emails depuis un cyber café ou lorsque vous voudrez acheter un cadeau à partir de l'ordinateur familial. La navigation *InPrivate* dans Internet Explorer 8 empêche que votre historique de navigation, fichiers Internet temporaires, données de formulaire, cookies, noms d'utilisateur et mots de passe, ne soient conservés par le navigateur, ne laissant aucune preuve de votre historique de navigation ou de recherche. C'est une sorte de session personnelle privée.

Vous pouvez démarrer la navigation *InPrivate* en ouvrant un nouvel onglet et en sélectionnant **Ouvrir une fenêtre de navigation InPrivate** ou en cliquant sur le bouton **Sécurité** dans la Barre de commandes puis sur **Navigation InPrivate**.

▲ Figure 8.23 : *Deux façons de lancer la navigation InPrivate*

Une fois que vous avez terminé cette action, Internet Explorer 8 lance une nouvelle session de navigateur qui n'enregistre aucun renseignement, y compris les recherches ou les visites de page web. La session *InPrivate* est facile à reconnaître ; le mot *InPrivate* reste constamment affiché dans la Barre d'adresses.

▲ Figure 8.24 : *Session de navigation InPrivate*

Pour terminer votre session de navigation *InPrivate*, fermez la fenêtre de navigateur.

La session *InPrivate* contient également la fonctionnalité de filtrage *InPrivate*. Le filtrage *InPrivate* est conçu pour surveiller et bloquer uniquement les contenus tiers qui s'affichent avec une haute fréquence sur les sites que vous visitez. Aucun contenu n'est bloqué jusqu'à ce que ces niveaux ne soient détectés, ni aucun contenu n'est bloqué provenant directement du site que vous visitez. En fonction de votre activité de navigation et des sites web visités, le temps qu'il peut se passer avant que ce contenu ne soit bloqué automatiquement est variable. Cependant, à tout moment, vous pouvez personnaliser les contenus bloqués ou autorisés.

Pour cela :

1. Démarrez une session de navigation InPrivate en ouvrant un nouvel onglet et en sélectionnant **Ouvrir une fenêtre de navigation InPrivate** ou en cliquant sur le bouton **Sécurité** dans la Barre de commandes puis sur **Navigation InPrivate**.

2. Cliquez sur le bouton **Sécurité** de la Barre de commandes.

3. Cliquez sur **Filtrage InPrivate**.

4. Choisissez votre niveau de blocage puis validez.

▲ Figure 8.25 : *Fonctionnalité de blocage InPrivate*

8.8   Paramétrer Internet Explorer 8

Comme toute partie de Windows 7, Internet Explorer possède des paramètres. Ces paramètres sont destinés à plusieurs fonctions. Voici une explication de tous ces paramètres.

Modifier les paramètres généraux d'Internet Explorer

Dans les paramètres généraux d'Internet Explorer, vous pouvez modifier votre page d'accueil, supprimer l'historique de navigation, modifier les paramètres de recherche, modifier les paramètres des onglets et personnaliser l'apparence d'Internet Explorer.

Pour accéder à la fenêtre :

1. Cliquez sur le bouton **Internet Explorer**.

2. Cliquez sur le bouton **Outils** puis sur **Options Internet**.

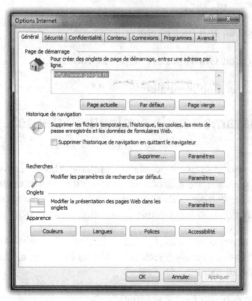

▲ Figure 8.26 : *L'onglet Général des options Internet*

Modifier les paramètres de sécurité d'Internet Explorer

La modification de paramètres de sécurité d'Internet Explorer vous permet de définir les paramètres de sécurité par défaut et personnalisés pour Internet, l'intranet et des sites web spécifiques.

1. Cliquez sur le bouton **Internet Explorer**.

2. Cliquez sur le bouton **Outils** puis sur **Options Internet**.

3. Sélectionnez l'onglet **Sécurité**.

Modifier les paramètres de confidentialité d'Internet Explorer

La modification de paramètres de confidentialité d'Internet Explorer vous permet de modifier les paramètres des cookies et du bloqueur de fenêtres publicitaires intempestives.

1. Cliquez sur le bouton **Internet Explorer**.

2. Cliquez sur le bouton **Outils** puis sur **Options Internet**.

3. Sélectionnez l'onglet **Confidentialité**.

Modifier les paramètres de contenu d'Internet Explorer

La modification de paramètres de contenu d'Internet Explorer vous permet d'activer le gestionnaire d'accès ou de modifier ses paramètres, d'afficher et de gérer les certificats de sécurité, de modifier les paramètres de saisie semi-automatique ou les paramètres des flux (RSS).

Vous pouvez créer une connexion Internet, ajouter ou modifier les paramètres d'accès à distance et du réseau privé virtuel (VPN) et modifier les paramètres du réseau local.

1. Cliquez sur le bouton **Internet Explorer**.

2. Cliquez sur le bouton **Outils** puis sur **Options Internet**.

3. Sélectionnez l'onglet **Contenu**.

Modifier les paramètres des programmes d'Internet Explorer

Les paramètres des programmes d'Internet Explorer vous permettent de modifier votre navigateur web par défaut, votre programme de messagerie électronique, votre éditeur HTML, votre lecteur de groupes de discussion ou votre téléphone Internet, et de gérer les modules complémentaires du navigateur web.

1. Cliquez sur le bouton **Internet Explorer**.

2. Cliquez sur le bouton **Outils** puis sur **Options Internet**.

3. Sélectionnez l'onglet **Programmes**.

Modifier les paramètres avancés d'Internet Explorer

Les paramètres avancés d'Internet Explorer vous permettent de modifier les paramètres avancés d'accessibilité, de navigation, de gestion de protocole HTTP, le nom des domaines internationaux, l'utilisation de la machine virtuelle Java, le multimédia, l'impression, la recherche et la sécurité. Vous pouvez aussi rétablir les paramètres par défaut d'Internet Explorer.

1. Cliquez sur le bouton **Internet Explorer**.

2. Cliquez sur le bouton **Outils** puis sur **Options Internet**.

3. Sélectionnez l'onglet **Avancés**.

8.9   Comprendre le hameçonnage

Internet Explorer 8 vous prévient de façon proactive et vous aide à vous protéger contre des sites potentiellement frauduleux ou connus comme tels. Il vous aide à les bloquer si nécessaire. Ce filtre, appelé filtre SmartScreen, est mis à jour plusieurs fois par heure avec les dernières informations sur la sécurité de Microsoft et de plusieurs partenaires.

L'hameçonnage est une technique utilisée par des fraudeurs pour obtenir vos renseignements personnels dans le but de perpétrer une usurpation d'identité. La technique consiste à se faire passer pour un tiers de confiance, votre banque par exemple, afin de vous soutirer des renseignements personnels : mot de passe, numéro de carte de crédit, date de naissance, etc. L'hameçonnage peut se faire par courrier électronique, par des sites web falsifiés ou autres moyens électroniques. Les conséquences sont terribles : débits conséquents sur votre compte en banque, par exemple.

Voici comment utiliser le filtre contre le hameçonnage :

1. Cliquez sur le bouton **Internet Explorer**.

2. Dans Internet Explorer, tapez l'URL `http://207.68.169.170/wood-grovebank/index.html.html` et appuyez sur `←` pour accéder au site web.

La Barre d'adresses est devenue orange. Vous pouvez noter la présence d'un bouclier assorti d'un point d'exclamation. Internet Explorer vous informe que le site web est suspect.

3. Dans Internet Explorer, tapez l'URL `http://207.68.169.170/contoso/enroll_auth.html` puis appuyez sur `←` pour accéder au site web.

Internet Explorer vous informe que le site web est un hameçonnage. La Barre d'adresses est devenue rouge (voir Figure 8.27).

> **attention**
>
> **Lutter contre le hameçonnage**
>
> Malgré les améliorations apportées par Internet Explorer 8 en matière de lutte contre le hameçonnage, dites-vous toujours que la technique n'est pas infaillible, ni l'homme d'ailleurs, mais que malgré tout, un bon conseil vaut mieux qu'une fonctionnalité technique. Dans le cadre de la lutte contre le hameçonnage : jamais un tiers de confiance, comme une banque, un organisme, un opérateur Internet ou de télé-

> phonie, etc. ne vous demandera de communiquer vos renseignements personnels via le Web, donc si vous recevez un mail de ce style, n'y répondez pas.

▲ Figure 8.27 : *Un site de hameçonnage*

8.10 Modifier le niveau de sécurité d'Internet Explorer 8

Pour effectuer ce test, vous allez diminuer volontairement la sécurité d'Internet Explorer, ce qui n'est pas recommandé bien sûr :

1. Cliquez sur le bouton **Internet Explorer**.

2. Cliquez sur **Outils** puis sur **Options Internet**.

3. Dans la fenêtre **Options Internet**, sélectionnez l'onglet **Sécurité**.

4. Dans la fenêtre **Niveau de sécurité de cette zone**, baissez le niveau sur *Moyenne*.

5. Cliquez sur OK.

6. Double-cliquez sur l'icône en forme de drapeau blanc dans la zone de notification de la Barre des tâches.

Le Centre de maintenance Windows 7 s'ouvre. Remarquez la catégorie *Sécurité* : un message apparaît à cause du changement des paramètres de sécurité d'Internet Explorer.

7. Fermez la fenêtre du Centre de maintenance.

Internet Explorer 8 et Windows 7 vous alertent afin de vous garantir le meilleur niveau de sécurité lorsque vous surfez sur Internet.

8.11 Supprimer toutes les traces d'Internet Explorer 8

1. Cliquez sur le bouton **Internet Explorer**.

2. Cliquez sur **Outils** puis sur **Options Internet**. Dans la partie *Historique de navigation*, cliquez sur **Supprimer**.

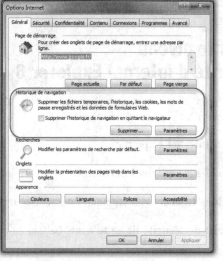

◄ Figure 8.28 :
*Historique de
navigation de
l'onglet Général*

3. Dans la fenêtre **Supprimer l'historique de navigation**, cliquez sur **Tout supprimer**.

4. Cliquez sur OK.

Toutes les traces (fichiers temporaires, cookies, historique et mots de passe) sont ainsi effacées en une seule action.

5. Fermez Internet Explorer.

8.12 Consulter des sites sécurisés avec Internet Explorer 8

1. Activez le menu **Démarrer/Tous les programmes/Internet Explorer**.

2. Dans Internet Explorer, saisissez l'URL `https://www.creditmutuel.fr` et appuyez sur ⏎ pour accéder au site web.

Vous pouvez observer la présence d'un cadenas dans la Barre d'adresses. Vous pouvez alors profiter du Web en toute sécurité.

▲ Figure 8.29 : *Accès à un site sécurisé*

8.13 Désinstaller Internet Explorer 8

Oui, vous avez bien lu, vous pouvez désinstaller Internet Explorer 8 sous Windows 7. Internet Explorer n'est pas le seul navigateur Internet disponible gratuitement sur la Toile et la concurrence est rude. Chaque navigateur apportant sa propre touche, ses nouveautés, ils sont tous susceptibles de vous intéresser. À vous ensuite de choisir celui qui vous convient le mieux, selon vos préférences.

Les principaux navigateurs Internet sont :

■ **Firefox** de **Mozilla** que vous pouvez télécharger à l'adresse suivante : `http://www.mozilla-europe.org/fr/firefox/` ;

- **Safari** d'**Apple** que vous pouvez télécharger à l'adresse suivante : http://www.apple.com/fr/safari/ ;
- **Chrome** de **Google** que vous pouvez télécharger à l'adresse suivante : http://www.google.fr/chrome.

Pour désinstaller Internet Explorer 8, procédez de la sorte :

1. Cliquez sur le logo Windows de démarrage puis sur **Panneau de configuration**.

2. Dans la section *Programmes* cliquez sur **Désinstaller un programme**.

▲ Figure 8.30 : *Fenêtre Désinstaller un programme*

3. Dans la fenêtre, cliquez sur **Activer ou désactiver des fonctionnalités Windows**.

4. Dans la liste des fonctionnalités, décochez **Internet Explorer 8** puis validez.

▲ Figure 8.31 : *Désinstallation d'Internet Explorer 8*

5. Une fois la désactivation terminée, vous devez redémarrer l'ordinateur pour que la désinstallation soit complète.

C'est fait. Vous n'avez plus Internet Explorer 8. Mais il va de soit que vous le désinstallez au profit d'un autre navigateur. En effet, de nos jours, posséder un ordinateur sans Internet n'est pas concevable.

8.14 En bref

Internet Explorer 8 n'est pas nouveau avec Windows 7 puisque cette version d'Internet Explorer existait pour Windows XP et Windows Vista. Vous ne serez pas trop dérouté.

Les nouvelles fonctions d'Internet Explorer 8 aident les utilisateurs à accéder aux ressources d'Internet tout en réduisant les menaces de sécurité et en augmentant l'efficacité et l'ergonomie.

9

Configurez le contrôle parental

Les ordinateurs sont de plus en plus présents. Les jeux se font sur ordinateurs, les discussions entre amis se passent via Internet, la musique transite par Internet, etc.

Un problème se pose : surveiller et contrôler les activités. Quoi de plus normal que de vouloir protéger son enfant des sites ou jeux qui ne lui sont pas autorisés.

Pour cela Windows 7 vous propose d'utiliser le contrôle parental. Celui-ci vous permet de désigner facilement quels jeux les enfants peuvent utiliser. Les parents peuvent autoriser ou restreindre des titres de jeux spécifiques, limiter les enfants uniquement aux jeux classés pour un certain niveau d'âge ou bloquer les jeux caractérisés par certains types de contenus auxquels vous ne souhaitez pas exposer les enfants. De plus, le contrôle parental protège vos enfants des sites web peu scrupuleux et définit des créneaux horaires d'utilisation de l'ordinateur.

9.1 L'objectif du contrôle parental

Vous pouvez utiliser le contrôle parental pour gérer la façon dont vos enfants utilisent l'ordinateur. Vous pouvez par exemple, limiter l'accès de vos enfants à Internet, les heures auxquelles ils peuvent se connecter à votre ordinateur, contrôler les jeux auxquels ils peuvent jouer et les programmes qu'ils peuvent exécuter.

Lorsque le contrôle parental bloque l'accès à une page Internet ou un jeu, un message s'affiche et indique que la page web ou le programme a été bloqué. Ainsi, votre enfant peut cliquer sur un lien dans la notification pour demander l'autorisation d'accéder à cette page web ou à ce programme. Vous pouvez autoriser l'accès en entrant les informations relatives à votre compte.

remarque **Utilisation du contrôle parental**

Avant de commencer, assurez-vous que chaque enfant auquel appliquer le contrôle parental possède un compte d'utilisateur standard ; le contrôle parental peut être appliqué uniquement dans ce cas. Pour configurer le contrôle parental pour votre enfant, vous devez posséder un compte d'utilisateur Administrateur. Le contrôle parental ne peut pas être appliqué à un compte d'utilisateur Administrateur.

9.2 Afficher le contenu bloqué par le contrôle parental

Si vous utilisez le contrôle parental et que vous tentiez de visiter un site web bloqué ou dont le contenu est bloqué, le contenu sera entièrement bloqué par un message plein écran ou partiellement bloqué par la Barre d'informations.

9.3 Les limites de durée

Vous pouvez définir des limites horaires pour contrôler quand vos enfants sont autorisés à se connecter à Internet. Ces limites permettent d'empêcher les enfants de se connecter aux heures spécifiées. Vous pouvez définir différentes heures de connexion chaque jour de la semaine. S'ils sont connectés au moment où le temps qui leur est alloué prend fin, ils sont déconnectés automatiquement.

Procédez comme suit :

1. Sélectionnez le menu **Démarrer**.

2. Cliquez sur **Panneau de configuration**.

3. Dans le volet droit du **Panneau de configuration**, cliquez sur **Comptes et protection utilisateurs**.

◀ Figure 9.1 :
Comptes d'utilisateurs et protection des utilisateurs du Panneau de configuration

4. Cliquez sur **Contrôle parental**.

5. Sélectionnez le compte pour lequel définir des limites horaires.

▲ Figure 9.2 : *Première fenêtre du contrôle parental*

6. Sous **Contrôle parental** dans la fenêtre **Configuration de l'utilisation de l'ordinateur par l'utilisateur**, cliquez sur **Activé, les paramètres actuels sont appliqués**.

▲ Figure 9.3 : *Activation du contrôle parental pour l'utilisateur*

7. La limite de durée est actuellement inactive. Cliquez sur **Limites horaires** pour l'activer.

8. Dans la fenêtre, sélectionnez les heures autorisées puis cliquez sur OK. Le statut **Limites horaires** doit être à présent **Actif**.

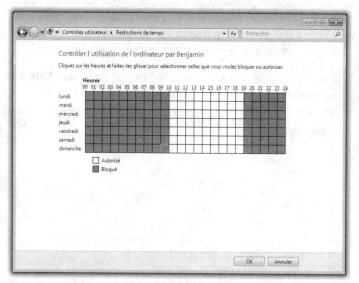

▲ Figure 9.4 : *Fenêtre de restriction de temps du contrôle parental*

9.4 Les autorisations ou les blocages de programmes spécifiques

Vous pouvez empêcher les enfants d'exécuter des programmes que vous ne souhaitez pas qu'ils utilisent.

Pour cela, procédez comme suit :

1. Sélectionnez le menu **Démarrer**.

2. Cliquez sur **Panneau de configuration**.

3. Dans le volet droit du **Panneau de configuration**, cliquez sur **Comptes et protection utilisateurs**.

4. Cliquez sur **Contrôle parental**.

5. Sélectionnez le compte pour lequel définir des limites horaires.

6. Vérifiez que **Contrôle parental** est sur Activé. Si ce n'est pas le cas, cliquez sur **Activé, les paramètres actuels sont appliqués**.

7. Dans la section **Paramètres Windows**, cliquez sur **Autoriser et bloquer des programmes spécifiques**.

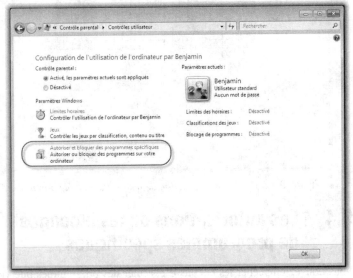

▲ Figure 9.5 : *Autoriser et bloquer des programmes spécifiques*

8. Dans la fenêtre **Quel sont les programmes utilisables par l'utilisateur ?**, choisissez entre les deux options suivantes et cliquez sur OK :

- *L'utilisateur peut utiliser tous les programmes.*
- *L'utilisateur peut uniquement utiliser les programmes que j'autorise.*

Si vous choisissez la seconde option, Il vous sera demandé de choisir les programmes autorisés à travers une liste et des cases à cocher. Une fois la sélection réalisée, cliquez sur OK.

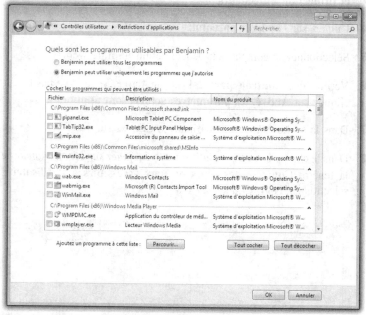

▲ Figure 9.6 : *Sélection des programmes autorisés à être utilisés*

9.5 Empêcher les enfants de jouer à des jeux inadaptés

Vous pouvez contrôler l'accès aux jeux, choisir des catégories, des types de contenus à bloquer et décider si vous souhaitez autoriser ou bloquer des jeux spécifiques.

Bloquer tous les jeux

1. Sélectionnez le menu **Démarrer**.

2. Cliquez sur **Panneau de configuration**.

3. Dans le volet droit du Panneau de configuration, cliquez sur **Comptes et protection utilisateurs**.

4. Cliquez sur **Contrôle parental**.

5. Sélectionnez le compte pour lequel définir un filtre web.

6. Vérifiez que **Contrôle parental** est sur Activé. Si ce n'est pas le cas, cliquez sur **Activé, les paramètres actuels sont appliqués**.

7. Dans la section *Paramètres Windows*, Cliquez sur **Jeux**.

8. Dans le champ **Est-ce** *que l'utilisateur peut jouer sur cet ordinateur* de la fenêtre **Contrôle des types de jeux accessibles à l'utilisateur**, sélectionnez **Non**. Cliquez sur OK.

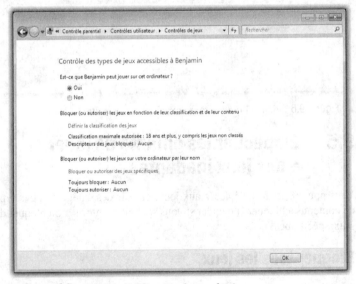

▲ Figure 9.7 : *Refuser l'utilisation de tous les jeux*

Bloquer les jeux en fonction de l'âge

Procédez ainsi :

1. Sélectionnez le menu **Démarrer**.

2. Cliquez sur **Panneau de configuration**.

3. Dans le volet droit du Panneau de configuration, cliquez sur **Comptes et protection utilisateurs**.

4. Cliquez sur **Contrôle parental**.

5. Sélectionnez le compte pour lequel définir un filtre web.

6. Vérifiez que **Contrôle parental** est sur Activé. Si cela n'est pas le cas, cliquez sur **Activé, les paramètres actuels sont appliqués**.

7. Dans la section *Paramètres Windows*, cliquez sur **Jeux**.

8. Dans le champ **Est-*ce que l'utilisateur peut jouer sur cet ordinateur*** de la fenêtre **Contrôle des types de jeux accessibles à l'utilisateur**, sélectionnez **Oui**.

9. Dans la section *Bloquer (ou autoriser) les jeux en fonction de leur classification et leur contenu*, cliquez sur **Définir la classification des jeux**.

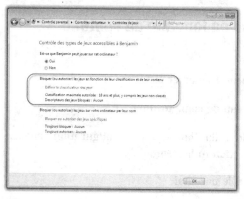

◄ Figure 9.8 :
Bloquer (ou autoriser) les jeux en fonction de leur classification et leur contenu

10. Dans la section *Si un jeu n'a aucune classification, est ce que l'utilisateur peut y jouer ?*, sélectionnez **Bloquer les jeux sans classification**.

11. Dans la section **Quelles classifications conviennent à l'utilisateur**, sélectionnez la classification de votre choix et cliquez sur OK.

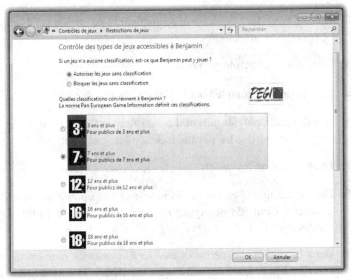

▲ Figure 9.9 : *Bloquer ou autoriser les jeux sans classification*

Bloquer les jeux en fonction du contenu

Procédez ainsi :

1. Sélectionnez le menu **Démarrer**.

2. Cliquez sur **Panneau de configuration**.

3. Dans le volet droit du **Panneau de configuration**, cliquez sur **Comptes et protection utilisateurs**.

4. Cliquez sur **Contrôle parental**.

5. Sélectionnez le compte pour lequel définir un filtre web.

6. Vérifiez que **Contrôle parental** est sur Activé. Si cela n'est pas le cas, cliquez sur **Activé, les paramètres actuels sont appliqués**.

7. Dans la section *Paramètres Windows*, cliquez sur **Jeux**.

8. Dans le champ *Est-ce que l'utilisateur peut jouer sur cet ordinateur* de la fenêtre **Contrôle des types de jeux accessibles à l'utilisateur**, sélectionnez **Oui**.

9. Dans la section *Bloquer (ou autoriser) les jeux en fonction de leur classification et leur contenu*, cliquez sur **Définir la classification des jeux**.

10. Dans la section *Si un jeu n'a aucune classification, est ce que l'utilisateur peut y jouer ?*, sélectionnez **Bloquer les jeux sans classification**.

11. Sous **Bloquer ces types de contenus**, sélectionnez les types de contenus que vous souhaitez bloquer puis cliquez sur OK.

▲ Figure 9.10 : *Types de contenu bloqué*

Bloquer des jeux spécifiques

Procédez ainsi :

1. Sélectionnez le menu **Démarrer**.

2. Cliquez sur **Panneau de configuration**.

3. Dans le volet droit du **Panneau de configuration**, cliquez sur **Comptes et protection utilisateurs**.

4. Cliquez sur **Contrôle parental**.

5. Sélectionnez le compte pour lequel définir un filtre web.

6. Vérifiez que **Contrôle parental** est sur Activé. Si ce n'est pas le cas, cliquez sur **Activé, les paramètres actuels sont appliqués**.

7. Dans la section *Paramètres Windows*, cliquez sur **Jeux**.

8. Dans le champ *Est-ce que l'utilisateur peut jouer sur cet ordinateur* de la fenêtre **Contrôle des types de jeux accessibles à l'utilisateur**, sélectionnez **Oui**.

9. Sélectionnez **Bloquer ou autoriser des jeux spécifiques** puis bloquez les jeux que vous souhaitez et cliquez sur OK.

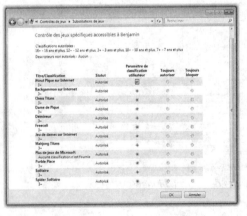

◄ Figure 9.11 :
Contrôle des jeux auxquels l'utilisateur a le droit de jouer

Si l'utilisateur venait à lancer les jeux, cela ne serait pas possible et l'utilisateur recevrait un message d'interdiction.

9.6 En bref

Le contrôle parental de Windows 7 apporte une bonne base pour permettre une utilisation d'Internet plus sûre pour vos enfants. Compte tenu de la facilité avec laquelle des informations choquantes peuvent arriver aux enfants lorsqu'ils sont sur Internet, il vaut mieux protéger leur navigation.

Le contrôle parental de Windows 7 vous permet de gérer les créneaux horaires d'utilisation de l'ordinateur, restreindre l'usage de jeux et de programmes.

Les utilisateurs de Windows Vista doivent certainement se demander où sont passés les modules de filtrage web et de rapports présents dans Windows Vista ? Ils ont disparu. En effet, avec Windows 7, Microsoft préfère se concentrer sur une base et permettre l'ajout de connecteurs de contrôle parental par des éditeurs tiers. Si vous souhaitez ajouter un module de filtrage web, vous devez faire appel à un éditeur qui vous fournira son connecteur pour Windows 7.

10

Installez les services Live

Les services de nouvelle génération Windows Live placent l'utilisateur au cœur de l'expérience Internet pour lui apporter plus de personnalisation, de simplicité, de synergie et de sécurité.

Comment ? En regroupant en un seul lieu, l'ensemble des services en ligne les plus importants pour lui, accessibles partout, à tout moment, quel que soit son équipement : depuis son PC, son terminal mobile, voire à terme depuis son Media Center.

Auparavant, Windows Vista disposait de plusieurs de ces services. Avec Windows 7, ce n'est plus le cas. Microsoft a déplacé l'ensemble des services dans les nuages (Internet).

Pour accéder à l'installation de ces services :

1. Saisissez `mise en route` dans la Barre de recherche du menu **Démarrer**.

▲ Figure 10.1 : *Saisie du texte mise en route dans la Barre de recherche*

2. Une fois que vous avez cliqué sur l'icône *Mise en route*, la fenêtre **Bienvenue** s'ouvre.

▲ Figure 10.2 : *Fenêtre Bienvenue de Windows 7*

3. Sélectionnez l'icône *Se connecter en ligne pour télécharger Windows-Live Essentials*.

◄ Figure 10.3 :
Icône Se connecter en ligne pour télécharger Windows Live Essentials

4. La fenêtre **Internet Windows Live téléchargement** s'ouvre.

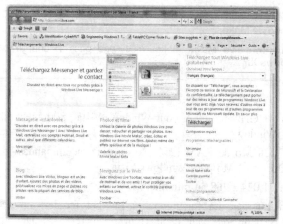

▲ Figure 10.4 : *Fenêtre de téléchargement Windows Live*

5. Pour connaître la configuration nécessaire à l'utilisation des services, cliquez sur **Configuration requise**.

◄ Figure 10.5 :
Page d'accès à la configuration requise

6. Une fois installés, les services Live se retrouvent dans votre menu **Démarrer**.

Les produits Windows Live nécessitent la configuration suivante :

- Système d'exploitation : Windows XP avec Service Pack 2 (édition 32 bits uniquement), Windows Vista (éditions 32 bits ou 64 bits), Windows 7 (éditions 32 bits ou 64 bits) ou Windows Server 2008.

Movie Maker

Windows Live Movie Maker n'est pas pris en charge par Windows XP.

- Processeur : 1 GHz minimum pour Windows Vista ; 800 MHz minimum pour Windows XP.
- Mémoire : 128 Mo de RAM (256 Mo ou plus recommandés) pour Windows XP ; 512 Mo pour Windows Vista.
- Résolution : 1 024 x 768 au minimum.
- Connexion Internet. La fonctionnalité Internet requiert un accès Internet bas débit ou haut débit (fourni séparément). Des frais téléphoniques locaux et longue distance peuvent s'appliquer.
- Navigateur. Windows Live Toolbar requiert Microsoft Internet Explorer 6 ou version ultérieure.
- Carte graphique ou vidéo. Windows Live Movie Maker requiert ATI Radeon 9500 (ou supérieur) ou nVidia GeForce FX 5900 (ou supérieur).

Les composants suivants sont requis pour certains programmes Windows-Live et peuvent être installés s'ils ne sont pas déjà sur votre ordinateur :

- Pour Writer, Microsoft .NET Framework 2.0 ou supérieur.
- Pour la Galerie de photos, SQL 2005 Compact Edition et codecs Windows Imaging.
- Pour la Galerie de photos et Movie Maker, certains composants de DirectX9.

L'objectif de ce chapitre n'est pas de vous montrer ou de vous faire utiliser l'ensemble des services proposés par Windows, mais plutôt de vous présenter ceux qui pourraient avoir un intérêt pour vous dans votre expérience d'utilisateur Internet. Vous verrez ensuite comment utiliser les services essentiels d'un nouvel internaute.

10.1 Bing.com

Bing.com est la page d'accueil pour accéder à toutes les fonctionnalités du nouveau moteur de recherche de Microsoft. Il succède au portail Windows Live Search qui n'a jamais eu une grand succès face à ses concurrents Google, Yahoo, etc. C'est également une page personnalisable que l'internaute peut organiser à son image avec ses fils d'actualités préférés, les liens vers ses sites favoris et ses gadgets.

Pour utiliser Windows Live, rendez-vous à l'adresse www.bing.com/. Pour vous connecter à Windows Live, procédez de la façon suivante :

1. Activez le menu **Démarrer/Tous les programmes/Internet Explorer**.

2. Dans la Barre d'adresses d'Internet Explorer, tapez http://www.bing.com/.

▲ Figure 10.6 : *La page d'accueil de bing.com*

10.2 Bing

Bing est le nouveau moteur de recherche de Microsoft. Il vous permet d'effectuer tout type de recherche de façon innovante grâce à une ergonomie simplifiée et des fonctionnalités de recherche très précises (Web, images, flux RSS, actualités, Spaces, etc.).

Vous pouvez rechercher des informations en saisissant vos mots-clés de la façon suivante :

1. Activez le menu **Démarrer/Tous les programmes/Internet Explorer**.

2. Dans la Barre d'adresses d'Internet Explorer, tapez http://www.bing.com/.

3. Appuyez sur ⏎ ou cliquez sur la Loupe. Bing affiche une liste de sites qui contiennent les mots-clés demandés.

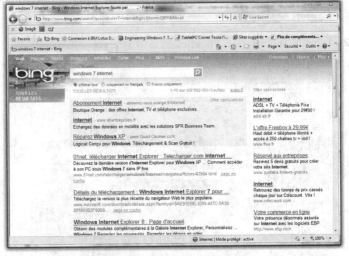

▲ Figure 10.7 : *Résultat de la recherche avec les mots "Windows", "7" et "Internet"*

Recherche efficace

Pour ne pas obtenir des centaines de pages sur des termes standard, n'hésitez pas à donner plusieurs mots qui vous permettront de réduire le nombre de réponses.

Le moteur de recherche vous permet également de rechercher des images :

1. Activez le menu **Démarrer/Tous les programmes/Internet Explorer**.

2. Dans la Barre d'adresses d'Internet Explorer, saisissez `http://www.bing.com/`.

3. Sélectionnez *Images* sous la zone de recherche, saisissez les mots-clés de votre recherche et appuyez sur ⏎.

▲ Figure 10.8 : *Recherche d'images à partir de Bing*

4. Une fois le résultat affiché, vous pouvez consulter simplement les images ou cliquer sur l'image de votre choix pour accéder au site d'où elle provient.

◄ Figure 10.9 :
*Résultat
de la recherche*

Autre fonctionnalité très sympathique de Bing, la partie *Carte*. Vous pouvez rechercher n'importe quoi, n'importe où. Prenez l'exemple de restaurants dans la ville de Cannes.

1. Activez le menu **Démarrer/Tous les programmes/Internet Explorer**.

2. Rendez-vous à l'adresse www.bing.com.

3. Sélectionnez *Cartes* sous la zone de recherche et appuyez sur ⏎.

4. Dans la fenêtre **Bing**, champ *Quoi*, saisissez restaurant. Dans le champ *Ou*, saisissez Cannes puis appuyez sur ⏎.

◄ Figure 10.10 :
*Exemple de
recherche de
restaurants dans
la ville de
Cannes*

5. Dans la liste des résultats, vous pouvez cliquer sur le restaurant de votre choix et planifier un itinéraire.

▲ Figure 10.11 : *Résultat de la recherche de restaurants*

6. Une fois que vous avez obtenu les informations sur votre restaurant, cliquez sur le signe + sur la carte pour voir dans quelle rue il se trouve. Si vous souhaitez planifier un itinéraire, cliquez sur *Itinéraire*.

▲ Figure 10.12 : *L'itinéraire*

10.3 Social Networking

Dans Windows Live, le Social Networking s'articule autour d'une liste de contacts unifiée. Chaque utilisateur peut contacter les personnes qui partagent ses centres d'intérêt, même si elles ne font pas partie de son cercle initial. Ensuite, c'est à chacun d'accepter ou non les propositions d'agrandissement des communautés.

10.4   Windows Live

Une fois connecté à Windows Live, vous avez accès à votre page d'accueil personnalisée. Celle-ci regorge d'un ensemble d'informations personnelles et diverses comme vos emails ou encore la météo de votre ville.

▲ Figure 10.13 : *Page d'accueil personnelle*

Pour disposer de plus d'informations, cliquez sur les divers éléments de votre page d'accueil ; par exemple la météo (voir Figure 10.14).

▲ Figure 10.14 : *Météo détaillée*

Si vous souhaitez disposer de plus de services, vous pouvez également sélectionner le menu + de votre page d'accueil (voir Figure 10.15).

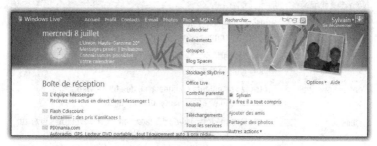

▲ Figure 10.15 : *Services supplémentaires*

Voici la liste de l'ensemble des services Live avec une simple description.

Tab. 10.1 : Les services Live	
Nom du service	**Descriptif**
Accueil	Suivez d'un coup d'œil ce qui vous intéresse : messages, invitations et nouveautés de votre réseau.
Profil Contacts	Partagez ce que vous aimez : activités, photos et amis. Gérez tous vos contacts (Hotmail, Messenger, votre profil) au même endroit.
Email	Une messagerie électronique Hotmail rapide, simple et fiable, avec une protection renforcée contre le courrier indésirable efficace et un espace de stockage important.
Photos	Publiez vos photos préférées sous forme de superbes diaporamas que seules les personnes de votre choix pourront voir.
Calendrier	Consultez votre agenda, partagez des calendriers avec d'autres personnes et recevez des rappels lorsque vous en avez besoin.
Événements	Planifiez votre prochain rendez-vous avec des invitations personnalisées, une liste d'invités, les réponses reçues et un espace de partage en ligne
Groupes	Rassemblez votre équipe, club ou tout autre groupe autour d'une page web, un calendrier, etc.
Blog Spaces	Exprimez-vous avec votre page web personnalisée. Ajoutez un blog, des photos, des vidéos et tout ce que vous voulez.

Tab. 10.1 : Les services Live

Nom du service	Descriptif
Stockage SkyDrive	Stockez en ligne les fichiers dont vous avez besoin et partagez-les avec les personnes de votre choix.
Office Live	Stockez et partagez vos documents professionnels en ligne : c'est rapide, simple et gratuit.
Contrôle parental	Protégez vos enfants en ligne avec des filtres web personnalisables et la gestion des contacts.
Mobile	Restez informé lors de vos déplacements avec Windows Live sur votre appareil mobile connecté au Web.
Téléchargements	Avec Installation Windows Live, téléchargez gratuitement les programmes Windows Live, dont Messenger, Mail, Writer, la Galerie de photos, Movie Maker, Writer, Toolbar et le Contrôle parental.

10.5 Windows Live Mobile

Utilisez les services Windows Live pour mobiles afin d'effectuer des recherches sur le Web ou afficher votre espace perso avec Windows Live pour mobiles. Il n'est pas nécessaire de configurer les SMS pour utiliser des services SMS comme les notifications SMS (*Short Message Service*). Cela vous permet d'envoyer et de recevoir des SMS à l'aide de votre téléphone portable. Les services Windows Live pour mobiles vous indiquent quand vous avez reçu un nouveau message électronique ou vous rappellent un rendez-vous de votre calendrier.

Pour configurer SMS pour Windows Live, procédez comme suit :

1. Connectez-vous au site web de **Windows Live pour mobiles** avec votre identifiant Windows Live ID (adresse de messagerie et mot de passe que vous utilisez pour vous connecter aux programmes et services Windows Live comme Windows Live Hotmail et Windows-Live Messenger, aux services Microsoft comme Xbox, MSN et Office Live et à tous les autres sites sur lesquels le logo Windows Live ID apparaît.) .

2. Dans la section **Configurez les SMS**, tapez votre numéro de téléphone portable puis cliquez sur **Suivant**.

3. Vérifiez que les informations répertoriées sont correctes puis cliquez sur **Suivant**.

4. Sur la page *Entrer votre code*, entrez le code de 4 chiffres que vous avez reçu sur votre téléphone portable puis cliquez sur **Suivant**. Si vous ne recevez pas le SMS contenant le code à 4 chiffres, cliquez sur **Renvoyer**.

◄ Figure 10.16 :
*Service
Windows Live
Mobile*

10.6 Windows Live Favorites

Aujourd'hui, il est possible d'utiliser l'informatique au-delà de sa propre machine... Windows Live Favorites vous permet d'accéder à vos Favoris définis dans Microsoft Internet Explorer et MSN Explorer depuis n'importe quel PC connecté.

1. Pour accéder à Windows Live Favorites, rendez-vous à l'adresse `http://favorites.live.com/?mkt=fr-fr`.

2. Dans la fenêtre **Windows Live Favorites**, cliquez sur **Connexion**. Dans la fenêtre de passeport, cliquez sur votre passeport de connexion et entrez votre mot de passe.

3. Dans la fenêtre **Windows Live Favorites**, cliquez sur **Ajouter** pour ajouter des Favoris.

Une fois vos adresses ajoutées, vous pouvez les partager, les trier et les organiser depuis n'importe quel ordinateur.

11

Utilisez Windows Live Mail

La messagerie fait partie de nos activités préférées. C'est un outil incontournable dès lors que vous possédez un abonnement à Internet. L'outil de messagerie vous permet de gérer vos adresses email.

Voici un petit historique sur les outils de messagerie inclus dans Windows. L'outil de messagerie de base installé sur les versions antérieures de Windows (jusqu'à Windows XP) était Outlook Express. Avec Windows Vista, Outlook Express a changé de nom ; il est devenu Windows Mail. Et avec Windows 7, plus aucun outil de messagerie intégré. Windows Mail disparaît purement et simplement.

Tout cela fait partie de la stratégie appelée "software + services" (logiciels + services en français) de Microsoft. Cette stratégie, basée autour de Windows Live, veut que des applications et services gratuits disponibles sur Internet viennent en compléments riches du système d'exploitation. Vous devez donc vous connecter à Windows Live et télécharger et installer **Windows Live Mail** compris dans les outils Windows Live.

Une fois installé, pour ouvrir Windows Live Mail :

1. Cliquez sur le logo Windows de démarrage.

2. Cliquez sur **Tous les programmes**, **Windows Live** puis **Windows-Live Mail**.

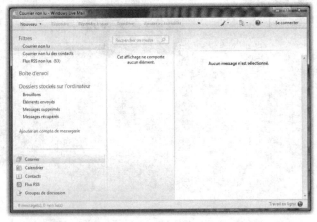

▲ Figure 11.1 : *Premier contact avec Windows Live Mail*

Premier coup d'œil à Windows Live Mail : l'interface ressemble à celle d'Outlook Express et Windows Mail tout en y associant le look de Windows Vista et 7, ce qui vous permettra de trouver rapidement vos repères. En profondeur, l'outil s'appuie maintenant sur une nouvelle technologie de stockage des messages qui améliore considérablement la fiabilité des données. Cependant, plusieurs autres améliorations sont à noter.

11.1 Configuration de Windows Live Mail

Commençons par mettre en service la messagerie en créant un compte de messagerie et en le configurant correctement pour permettre l'envoi et la réception de messages électroniques.

Ajout d'un compte Windows Live Mail

Vous avez la possibilité de configurer toute une série de comptes Windows Live Mail différents. Vous pouvez ainsi créer un compte de messagerie personnel unique, ou y adjoindre votre compte de messagerie du Bureau et quelques groupes de discussion. Windows Live Mail facilite la gestion de plusieurs comptes en plaçant chaque compte dans un dossier qui lui est propre.

Windows Live Mail prend en charge trois types de comptes :

- les comptes de messagerie (tel le compte créé par votre fournisseur d'accès Internet) ;
- les comptes de newsgroups (groupes de discussions) ;
- les comptes de services d'annuaire (les services d'annuaire sont des carnets d'adresses en ligne généralement proposés par des entreprises).

Avant d'ajouter un compte, assurez-vous de disposer des informations de connexion et des informations sur le serveur pour votre compte de messagerie. Contactez votre administrateur réseau favori ou votre fournisseur d'accès à Internet.

Pour ajouter un compte Windows Live Mail, plusieurs cas peuvent se présenter. Si vous lancez Windows Live Mail pour la première fois, l'Assistant d'ajout d'un nouveau compte de messagerie se lance automatiquement.

Autrement, effectuez la procédure suivante :

1. Cliquez sur le logo Windows de démarrage.

2. Cliquez sur **Tous les programmes**, **Windows Live** et **Windows Live Mail**.

3. Dans la colonne de gauche, cliquez sur **Ajouter un compte de messagerie**.

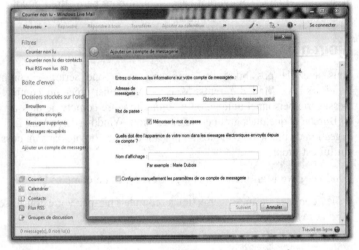

▲ Figure 11.2 : *Fenêtre Ajouter un compte de messagerie de Windows Live Mail*

4. Suivez les instructions qui s'affichent d'entrée sur votre nom et la configuration des serveurs du compte de messagerie.

Configuration des types de serveurs de messagerie

Lorsque vous renseignez l'Assistant d'ajout de compte de messagerie, vous devez préciser le type de serveur de messagerie que votre compte utilise. Windows Live Mail prend en charge les types de serveurs de messagerie suivants.

Si vous n'êtes pas certain du type employé, contactez votre fournisseur de messagerie électronique.

- **Les serveurs POP3** (*Post Office Protocol*) conservent les messages électroniques entrants jusqu'au moment où, en relevant votre courrier, vous déclenchez leur transfert sur votre ordinateur. Le type POP3 est le type de compte le plus répandu pour la messagerie électronique personnelle, c'est-à-dire lorsque vous êtes abonné à un fournisseur d'accès Internet. En règle générale, les messages sont supprimés du serveur lorsque vous relevez votre courrier électronique.

- **Les serveurs IMAP** (*Internet Message Access Protocol*) vous permettent de gérer votre courrier électronique sans être obligé de télécharger préalablement les messages sur votre ordinateur. Vous pouvez afficher un aperçu, supprimer et organiser ces messages directement sur le serveur de messagerie où des copies sont conservées jusqu'à ce que vous décidiez de les supprimer. La technologie IMAP est couramment utilisée pour les comptes de messagerie professionnelle.

- **Les serveurs HTTP** (*Hyper Text Transfer Protocol*) s'occupent de la connexion et synchronisation à des messageries disponibles sur Internet (Hotmail, Gmail, etc.).

11.2 Utilisation de Windows Live Mail

Une fois votre compte de messagerie créé et configuré, vous pouvez utiliser Windows Live Mail. Voici les actions à connaître pour une utilisation quotidienne.

Vérifier l'arrivée de nouveaux messages électroniques

Vous pouvez planifier Windows Live Mail pour qu'il vérifie automatiquement l'arrivée de nouveaux messages, ou procéder vous-même manuellement à cette vérification. La vérification manuelle est utile si vous ne voulez pas attendre la prochaine tentative de récupération automatisée des nouveaux messages par Windows Live Mail, ou si vous utilisez un accès réseau à distance pour vous connecter à Internet et ainsi éviter que Windows Live Mail s'y connecte automatiquement.

Pour vérifier automatiquement l'arrivée de nouveaux courriers électroniques :

1. Cliquez sur le logo Windows de démarrage.

2. Cliquez sur **Tous les programmes**, **Windows Live** et **Windows Live Mail**.

3. Dans le menu **Outils**, cliquez sur **Options**.

4. Cliquez sur l'onglet **Général** puis activez la case à cocher *Vérifier l'arrivée de nouveaux messages toutes les X minute(s)*.

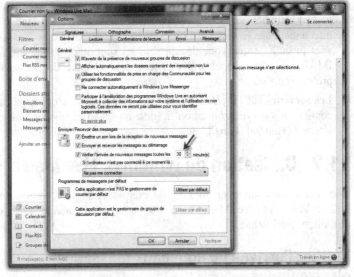

▲ Figure 11.3 : *Onglet Général des options de Windows Live Mail*

5. Pour modifier la fréquence de vérification des nouveaux messages de Windows Live Mail, entrez un nombre compris entre 1 et 480 dans la zone *Vérifier l'arrivée de nouveaux messages toutes les X minute(s)*.

Pour vérifier manuellement l'arrivée de nouveaux courriers électroniques, procédez comme suit :

1. Cliquez sur le logo Windows de démarrage.

2. Cliquez sur **Tous les programmes**, **Windows Live** et **Windows Live Mail**.

3. Dans la barre en haut, cliquez sur **Synchroniser**.

▲ Figure 11.4 : *Envoyer et recevoir tous les messages*

Windows Live Mail enverra tous les courriers électroniques présents dans votre Boîte d'envoi et téléchargera tous les nouveaux messages.

Pour désactiver le téléchargement automatique des nouveaux courriers électroniques, procédez comme suit :

1. Cliquez sur le menu **Outils** puis sur **Options**.

2. Cliquez sur l'onglet **Général** et désactivez la case à cocher *Vérifier l'arrivée de nouveaux messages toutes les X minute(s)* (voir Figure 11.5).

Vous utiliserez manuellement le bouton **Synchroniser** à partir de la fenêtre d'accueil de Windows Live Mail.

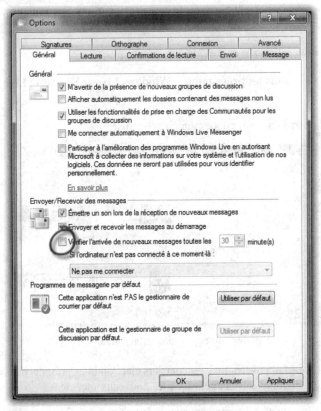

▲ Figure 11.5 : *Désactivation du téléchargement automatique des nouveaux courriers électroniques*

Écrire un message électronique

Composer un message électronique revient tout simplement à rédiger une note dans un logiciel de traitement de texte. Une fois la rédaction du message achevée, il suffit d'indiquer les adresses de messagerie des destinataires, l'objet du message dans les zones appropriées, et le courrier est prêt pour l'envoi.

N'oubliez pas que vous devez créer un compte de messagerie pour vous-même dans Windows Live Mail afin d'être en mesure d'envoyer des messages électroniques.

1. Cliquez sur le logo Windows de démarrage.

2. Cliquez sur **Tous les programmes**, **Windows Live** et **Windows Live Mail**.

3. Cliquez sur **Nouveau** puis cliquez sur **Message électronique** pour ouvrir la fenêtre de composition du nouveau message.

▲ Figure 11.6 : *Création d'un nouveau message électronique*

4. Dans la zone À, tapez l'adresse de messagerie de chacun de vos principaux destinataires. Dans la zone *Cc*, indiquez l'adresse de messagerie de chacun des destinataires secondaires à qui adresser une copie du courrier. Si vous saisissez plusieurs adresses, séparez-les par des points-virgules. Pour faire apparaître le champ *Cc*, cliquez sur **Afficher les champs Cc et Cci**.

▲ Figure 11.7 : *Adresse du destinataire*

5. Dans la zone *Objet*, tapez le titre de votre message.

▲ Figure 11.8 : *Objet du message*

6. Cliquez dans la zone principale du message et saisissez votre texte.

▲ Figure 11.9 : *Texte du message électronique*

7. Lorsque votre message vous donne entière satisfaction, pour envoyer le message immédiatement, cliquez sur le bouton **Envoyer**.

▲ Figure 11.10 : *Envoi du courrier électronique*

Si vous écrivez un long message et que vous souhaitiez y revenir plus tard pour le terminer, vous pouvez l'enregistrer à tout moment.

Pour enregistrer un message, cliquez sur **Enregistrer comme brouillon**. Les messages enregistrés qui ne sont pas envoyés sont stockés dans le dossier *Brouillons*.

▲ Figure 11.11 : *Le dossier Brouillons de Windows Live Mail contient les messages électroniques enregistrés*

Ouvrir ou enregistrer une pièce jointe dans Windows Live Mail

Grâce à l'utilisation de Windows Live Mail, vous envoyez des documents, des images et d'autres fichiers sous forme de pièces jointes avec vos messages électroniques. Les messages qui contiennent des pièces jointes sont signalés par une icône représentant un trombone dans la colonne *Pièce jointe* de la liste des messages. Vous pouvez ouvrir des pièces jointes directement à partir de Windows Live Mail, ou les enregistrer dans un dossier sur votre ordinateur afin d'y accéder facilement par la suite sans être obligé de retrouver le message auquel elles étaient attachées.

Pour ouvrir une pièce jointe directement à partir d'un message, procédez comme suit :

1. Cliquez sur le logo Windows de démarrage.

2. Cliquez sur **Tous les programmes**, **Windows Live** et **Windows Live Mail**.

3. Ouvrez un message qui contient une pièce jointe en double-cliquant dessus dans la liste de messages.

4. En haut de la fenêtre du message, double-cliquez sur l'icône de la pièce jointe dans l'en-tête du message.

Pour enregistrer des pièces jointes dans un dossier sur votre ordinateur, procédez comme suit :

1. Ouvrez un message qui contient une pièce jointe en double-cliquant dessus dans la liste de messages.

2. Dans la fenêtre du message, cliquez sur **Fichier** puis sur **Enregistrer les pièces jointes**.

3. Sélectionnez le dossier dans lequel vous voulez enregistrer les pièces jointes. Par défaut, Windows Live Mail enregistre les pièces jointes dans votre dossier *Documents*. Si vous voulez enregistrer les pièces jointes dans un autre dossier, cliquez sur **Parcourir** puis sélectionnez un dossier.

4. Sélectionnez les pièces jointes à enregistrer puis cliquez sur **Enregistrer**.

Même si Windows Live Mail bloque les types de fichiers réputés dangereux, faites toujours preuve de vigilance lorsque vous ouvrez des pièces jointes. Soyez sûr et certain de bien connaître la personne qui vous envoie le fichier attaché et soyez sûr et certain d'être protégé par un antivirus.

11.3 Améliorations de Windows Live Mail

Recherche rapide

Windows Live Mail fait maintenant partie des applications qui intègrent une Barre de recherche rapide.

En effet, elle s'avère particulièrement utile pour ceux d'entre nous qui ont plusieurs centaines de messages stockés dans leur boîte de réception, ce qui rend difficile toute recherche spécifique. En intégrant la Barre de recherche rapide, vous pouvez effectuer presque instantanément une exploration de l'ensemble de votre messagerie, sans quitter Windows Live Mail.

▲ Figure 11.12 : *La Barre de recherche dans Windows Live Mail*

Filtrage du courrier indésirable

Windows Live Mail intègre un filtre antispam paramétré et démarré automatiquement au lancement de Windows Live Mail.

Nous avons tous été confrontés à la réception de messages indésirables (spams) et nous savons à quel point il est irritant de devoir faire le tri dans tous ces messages inutiles. Nous savons aussi à quel point cela prend du temps. Pour faire face à ce problème, Windows Live Mail est doté d'un filtre intégré qui bloque automatiquement les messages, les identifie et sépare les messages légitimes du courrier indésirable.

1. Pour ouvrir Windows Live Mail, cliquez sur le logo Windows de démarrage, sur **Tous les programmes** puis **Windows Live** et sur **Windows Live Mail**.

2. Les emails de type spam sont stockés dans *Courrier indésirable* dès leur réception.

◄ Figure 11.13 :
*Répertoire
Courrier
indésirable*

Le filtre du courrier indésirable est tout de même configurable :

1. Une fois Windows Live Mail ouvert, cliquez sur **Outils** puis sur **Options de sécurité**.

2. Dans la fenêtre de configuration qui apparaît, dans l'onglet **Options**, vous pouvez sélectionner votre niveau de protection. Par défaut, celui-ci est configuré à *élevé* pour protéger très efficacement sans empêcher l'arrivée de courrier qui n'est pas du spam. Dans cette même fenêtre, vous pouvez également faire en sorte que tout spam soit automatiquement détruit au lieu d'être déposé dans le répertoire **Courrier indésirable**. Veillez cependant à ce que tous ces messages soient des spams.

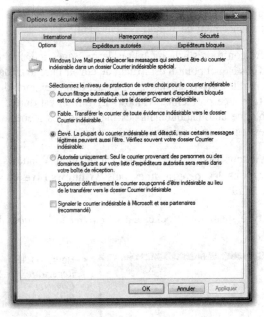

◄ Figure 11.14 :
Onglet Options des paramètres du filtre de courrier indésirable

3. Cliquez sur l'onglet **Expéditeurs autorisés** pour ajouter ou modifier la liste des adresses emails que vous considérez comme sûres, c'est-à-dire celle dont les emails ne doivent pas être considérés comme des spams.

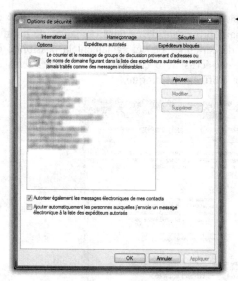

◄ Figure 11.15 :
Onglet
Expéditeurs
autorisés des
paramètres du
filtre de courrier
indésirable

4. *A contrario*, cliquez sur l'onglet **Expéditeurs bloqués** pour renseigner les adresses emails dont vous voulez bloquer les messages.

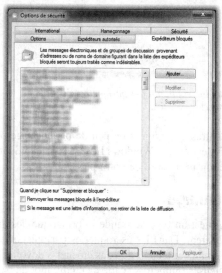

◄ Figure 11.16 :
Onglet
Expéditeurs
bloqués des
paramètres du
filtre de courrier
indésirable

5. Vous avez également, dans l'onglet **International**, la possibilité de bloquer tous les emails provenant de certains domaines de premier niveau (c'est-à-dire de certains pays) et également la possibilité de bloquer tous les emails écrits avec certains types de caractères en cliquant sur **Liste de chiffrement bloqué**.

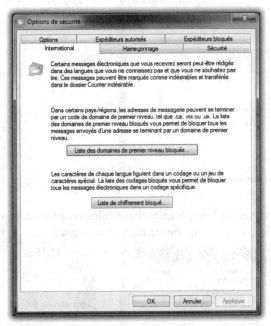

▲ Figure 11.17 : *Onglet International des paramètres du filtre de courrier indésirable*

Contrairement à d'autres filtres qui exigent un peu de paramétrage pour identifier les messages indésirables, Windows Live Mail les identifie automatiquement, sans action nécessaire de votre part.

Filtre anti-hameçonnage

Le phishing (hameçonnage) est un type de fraude informatique destiné à usurper l'identité de l'utilisateur. Dans les escroqueries par phishing, les pirates vous envoient des emails et tentent de vous amener à dévoiler des données personnelles précieuses (numéro de carte de crédit, mot de passe, numéro de compte ou autre) en vous faisant croire qu'ils sont des entités légitimes, comme des banques. Les emails ainsi envoyés sont toujours très bien formatés et peuvent prêter à confusion. En incluant des liens vers des sites web frauduleux, ces messages présentent toutes les apparences du sérieux pour vous inciter à communiquer des informations personnelles.

Windows Live Mail est doté d'un filtre anti-hameçonnage qui analyse les messages en tentant de détecter ces faux liens, pour vous protéger contre ce type d'escroquerie.

Ce filtre est activé par défaut, dès le premier démarrage de Windows Live Mail. Il est possible de le configurer :

1. Une fois Windows Live Mail ouvert, cliquez sur **Outils** puis sur **Options de sécurité**.

2. Cliquez sur l'onglet **Hameçonnage**.

3. Vous avez la possibilité de désactiver le filtre, ce qui n'est pas conseillé, et de déplacer les emails frauduleux vers le répertoire des emails de spam.

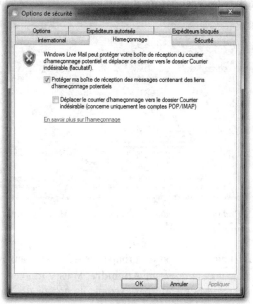

◄ Figure 11.18 :
Paramètres du filtre anti-hameçonnage

Configuration des newsgroups

Enfin, Windows Live Mail est désormais automatiquement configuré pour que vous accédiez facilement aux groupes de discussion de Microsoft. Les groupes de discussion de Microsoft sont un moyen de plus mis à votre disposition pour exposer vos problèmes, vos remarques et peut-être y trouver des réponses. C'est un groupe d'entraide où professionnels et passionnés se retrouvent. On parle de communauté.

1. Pour ouvrir Windows Live Mail, cliquez sur le logo Windows de démarrage, sur **Tous les programmes** puis **Windows Live** et **Windows Live Mail**.

2. Dans la colonne de gauche, cliquez sur **Groupes de discussion** puis **Communautés Microsoft**.

3. Au premier lancement, un message apparaît vous informant que vous n'avez souscrit à aucun groupe de discussion et vous demandant si vous souhaitez consulter la liste des groupes de discussion disponibles. Cliquez sur **Afficher les groupes de discussion**.

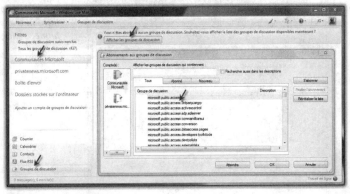

▲ Figure 11.19 : *Premier lancement de Communautés Microsoft avec Windows Live Mail*

4. La liste apparaît. Choisissez le ou les groupes de discussion auxquels vous voulez participer et cliquez sur **Atteindre**. Vous y trouverez un groupe par technologie Microsoft : par exemple un groupe de discussion appelé *microsoft.public.fr.windows.mediacenter* représente un

groupe de discussion en français traitant de toutes les questions globales sur le Media Center de Windows.

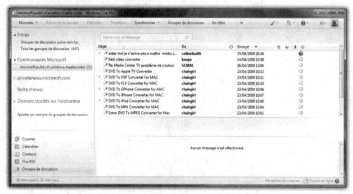

▲ Figure 11.20 : *Les newsgroups Microsoft*

Si vous souhaitez participer et poser votre question :

1. Sélectionnez le groupe de discussion à qui vous voulez poser votre question.

2. Cliquez sur **Nouveau** puis sur **Message de groupe de discussion** pour ouvrir la fenêtre de composition du nouveau message et rédigez votre texte.

11.4 En bref

Avec Windows 7, il n'y a plus d'outil de messagerie intégré à Windows. Pour en récupérer un, vous pouvez utiliser Windows Live Mail que vous téléchargerez et installerez par Windows Live, ou vous téléchargerez et installerez l'outil de messagerie de votre choix.

Windows Live Mail, par son look et son esprit, a l'avantage d'être relativement proche des anciennes versions Outlook Express et Windows-Mail, ce qui facilite la prise en main, tout en ajoutant les options de sécurité indispensables aux menaces actuelles que sont le spam et le hameçonnage.

12

Communiquez avec l'extérieur

Pour communiquer avec l'extérieur, Microsoft vous propose plusieurs outils de la suite Windows Live que nous avons évoquée au chapitre 10.

Comme l'ensemble d'outils de cette suite, le gros avantage est ici de pouvoir en disposer gratuitement – en contrepartie, vous acceptez quelques espaces publicitaires – mais surtout de pouvoir y accéder depuis n'importe quel ordinateur, n'importe où dans le monde ou il y a une connexion Internet.

Pour cela, vous devez disposer d'un passeport que vous allez pouvoir créer en même temps que votre boîte aux lettres. Ce passeport est très important ; il va vous suivre sur l'ensemble des sites Microsoft.

▲ Figure 12.1 : *Portail de messagerie Microsoft Live*

12.1 Windows Live Mail

C'est une messagerie rapide et simple qui vous facilite la lecture, l'envoi et l'organisation de vos messages. Longtemps connu sous le nom de Hotmail, la messagerie Internet de Microsoft devient Windows Live Mail. Pour les personnes qui possèdent déjà une adresse Hotmail, cela ne va rien changer. Les seuls changements sont les nouveautés apportées par Windows Live Mail. À présent, vous allez pouvoir prévisualiser tous vos messages électroniques sans quitter votre boîte de réception, organiser également vos messages par un simple glisser/déposer. Vous pouvez utiliser le clic droit pour répondre, supprimer, transférer en un clic vos messages électroniques et la capacité de la boîte aux lettres est passée à 5 Go.

> **Windows Live Hotmail**
>
> Depuis cette nouvelle version, vous pouvez totalement personnaliser votre messagerie

Créer votre boîte aux lettres sur Internet.

Pour créer votre boîte aux lettres, procédez comme suit :

1. Cliquez sur **Démarrer**, **Tous les programmes** puis **Internet Explorer**.

2. Dans la Barre d'adresses d'Internet Explorer, saisissez l'adresse suivante `http://www.windowslive.fr/monhotmail`.

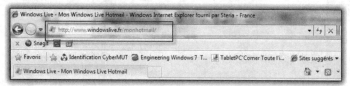

▲ Figure 12.2 : *Adresse Internet*

3. Dans la fenêtre **Windows Live Mail**, cliquez sur **Accéder à Live Mail**.

4. Cliquez sur **Créer un email**.

5. Dans la page **Inscription à Windows Live**, saisissez les informations nécessaires à la création de la boîte aux lettres.

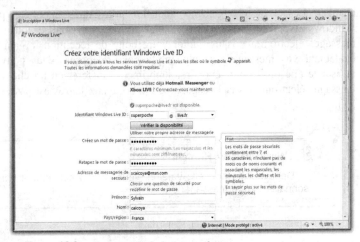

▲ Figure 12.3 : *Création de la boîte aux lettres*

6. À votre première connexion, la fenêtre **Windows Live Hotmail** s'ouvre avec votre portail personnel vers l'extérieur.

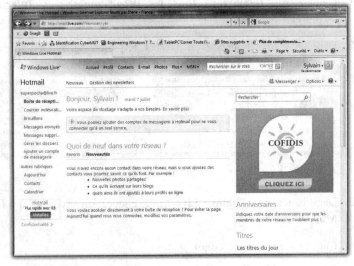

▲ Figure 12.4 : *Page d'accueil personnelle vers l'extérieur*

7. Dans la partie centrale de la fenêtre, sélectionnez *Gestion de newsletters*.

◄ Figure 12.5 :
Gestion des newsletters

La fenêtre **Lettres d'information et offres gratuites** vous propose un choix de newsletters gratuites parmi les thèmes suivants ;

- *Actualités* ;
- *Loisirs* ;
- *Bien-être* ;
- *Automobile* ;
- *Finance et Business* ;
- *Rencontres* ;
- *Voyages* ;
- *Shopping*.

▲ Figure 12.6 : *Les lettres d'information et offres gratuites*

Prenons comme exemple la partie *Finance*. Si vous souhaitez recevoir des informations en provenance de différents sites de la finance, cliquez sur **Finances et Business** et cliquez sur les sites de votre choix puis cliquez sur **Continuer**. Bienvenue dans votre nouvelle boîte aux lettres…

Consulter vos messages

Pour consulter les messages de votre boîte aux lettres, procédez ainsi :

1. Cliquez sur **Démarrer**, **Tous les programmes** puis **Internet Explorer**.

2. Dans la Barre d'adresses d'Internet Explorer, tapez l'adresse suivante `http://www.windowslive.fr/monhotmail/` puis cliquez sur **Connectez-vous à Hotmail** à droite de la page.

3. Dans la fenêtre **Windows Live Mail**, cliquez sur **Accéder à Live Mail**.

4. Sur la page d'authentification Hotmail, saisissez votre adresse de messagerie et votre mot de passe puis appuyez sur **Connexion**.

5. Pour consulter vos messages, cliquez sur **Mes messages**.

▲ Figure 12.7 : *Mes Messages, suivi du nombre de messages dans la boîte aux lettres ainsi que le nombre de messages non lus*

6. Pour lire un message, cliquez sur le message.

Rédiger vos messages

Pour rédiger des messages, procédez comme suit :

1. Cliquez sur **Démarrer**, **Tous les programmes** puis **Internet Explorer**.

2. Dans la Barre d'adresses d'Internet Explorer, tapez l'adresse suivante `http://www.windowslive.fr/monhotmail/` puis cliquez sur **Live Mail hotmail**.

3. Sur la page d'authentification Hotmail, saisissez votre adresse de messagerie et votre mot de passe puis appuyez sur **Connexion**.

4. Cliquez sur **Nouveau**. Une fenêtre s'ouvre dans le champ *A*. Saisissez l'adresse de votre destinataire, par exemple `marilyne.michu@wanadoo.fr`. Dans le champ *Objet*, saisissez la motivation de votre message, par exemple `Confirmation du repas de noël à bordeaux` puis saisissez votre message dans le reste de la fenêtre. Cliquez sur **Envoyer**.

Gérer votre calendrier

Autre fonctionnalité bien pratique de Windows Live Mail : la gestion de votre agenda. En effet, Windows Live Mail vous propose au travers d'un calendrier de gérer votre emploi du temps sous forme de journées, de semaines ou de mois.

Pour accéder à votre calendrier, procédez comme suit :

1. Cliquez sur **Démarrer**, **Tous les programmes** puis **Internet Explorer**.

2. Dans la Barre d'adresses d'Internet Explorer, tapez l'adresse `http://www.windowslive.fr/monhotmail/` puis cliquez sur **Windows live calendrier**.

3. Dans la fenêtre **Windows Live Mail**, cliquez sur **Accéder à Live Mail**.

4. Sur la page d'authentification Hotmail, saisissez votre adresse de messagerie et votre mot de passe puis appuyez sur **Connexion**.

5. Sélectionnez l'onglet **Calendrier**.

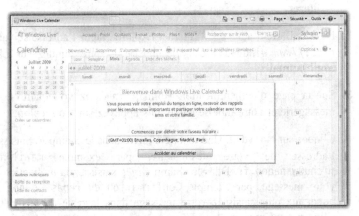

▲ Figure 12.8 : *Fenêtre de calendrier*

Créer un rendez-vous

La création d'un rendez-vous se déroule de la façon suivante :

1. Cliquez sur **Démarrer**, **Tous les programmes** puis **Internet Explorer**.

2. Connectez-vous à *Live Mail calendrier*.

3. Dans la fenêtre **Calendrier**, cliquez sur **Nouveau**.

4. Remplissez les champs de votre rendez-vous :

- *Description* ;
- *Lieu* ;
- *Début* ;

- *Fin* ;
- *Notes* ;
- *Catégorie* ;
- *Disponibilité*.

5. Cliquez sur **Inviter les participants**.

6. Dans le champ *Participant*, il vous est possible d'entrer plusieurs adresse pour la même invitation. Saisissez vos adresses puis cliquez sur **Enregistrer**.

12.2 Windows Live Messenger

Inutile de présenter Windows Live Messenger. Cet outil illustre par excellence la puissance d'Internet aujourd'hui. Windows Live Messenger a réconcilié toutes les générations et tous les profils avec Internet. La recette de ce succès, les services offerts par la messagerie instantanée. Windows Live Messenger vous permet de communiquer en temps réel par écrit et à plusieurs, par audio ou/et par vidéo. Windows Live Messenger a démocratisé la visioconférence par Internet.

Pour lancer Windows Live Messenger, procédez comme suit :

1. Cliquez sur **Démarrer**, **Tous les programmes** puis **Windows Live Messenger**.

2. Dans la fenêtre de connexion, entrez votre adresse email, ainsi que votre mot de passe puis cliquez sur **Connexion**. Si vous le souhaitez, la fenêtre de connexion peut mémoriser votre adresse de messagerie, votre mot de passe et vous connecter automatiquement.

Ajouter des contacts

Pour ajouter des contacts dans Windows Live Messenger, procédez comme suit :

1. Cliquez sur **Démarrer**, **Tous les programmes** puis **Windows Live Messenger**.

2. Dans la fenêtre de connexion, entrez votre adresse email ainsi que votre mot de passe puis cliquez sur **Connexion**.

3. Dans la **Windows Live Messenger**, cliquez sur l'icône *Ajouter un contact*.

4. Saisissez les informations concernant l'adresse de messagerie, le surnom et le choix du groupe et cliquez sur **Enregistrer**.

Démarrer une discussion

Pour démarrer une discussion avec Windows Live Messenger, procédez comme suit :

1. Cliquez sur **Démarrer, Tous les programmes** puis **Windows Live Messenger**.

2. Dans la fenêtre de connexion, entrez votre adresse email, ainsi que votre mot de passe puis cliquez sur **Connexion**.

3. Cliquez sur le contact avec lequel vous souhaitez démarrer une discussion.

13

Utilisez la Galerie de photos Windows Live

Galerie de photos Windows Live est le logiciel de récupération, de classement et de traitement des images, photos et vidéos inclus dans Windows Live. Il n'y a aucun logiciel de ce type inclus de base dans Windows 7, contrairement à Windows Vista. C'est pourquoi, dans la stratégie Windows Live de Microsoft qui veut que des applications et services gratuits disponibles sur Internet viennent en compléments riches du système d'exploitation, vous devez télécharger et installer **Galerie de photos Windows Live** compris dans les outils Windows Live.

Galerie de photos Windows Live permet d'organiser simplement et efficacement tous les fichiers de type images et vidéos stockés sur l'ordinateur. Et l'on sait maintenant combien la masse de photos et d'images devient importante avec la démocratisation des appareils photo numériques et des scanners.

Avec **Galerie de photos Windows Live**, vous pouvez, en un point unique, importer vos photos de votre appareil photo numérique, importer vos images de votre scanner ou importer vos vidéos de votre caméscope.

13.1 Coup d'œil à Galerie de photos Windows Live

Une fois l'installation par Windows Live terminée, lancez l'outil afin de vous familiariser avec son look :

1. Cliquez sur le logo Windows de démarrage.

2. Cliquez sur **Tous les programmes** puis sur **Windows Live** et **Galerie de photos Windows Live**.

▲ Figure 13.1 : *Galerie de photos Windows Live*

Si vous le souhaitez, vous pouvez épingler l'application dans la Barre des tâches de Windows 7.

Premier aperçu de l'outil : vous y trouvez les images par défaut de Windows 7 et vos photos. En passant le curseur de la souris sur une photo, celle-ci s'agrandit aussitôt.

▲ Figure 13.2 : *Agrandissement automatique avec Galerie de photos Windows Live*

La Galerie de photos Windows Live affiche automatiquement les images et vidéos stockées dans le dossier *Images* de votre ordinateur. Vous pouvez modifier à tout moment le contenu de la Galerie de photos en ajoutant et en supprimant des dossiers, ce qui est très pratique si vous stockez certaines de vos images et vidéos ailleurs que dans le dossier *Images* de votre ordinateur. Vous pouvez également ajouter des images et des vidéos individuelles à la Galerie de photos sans ajouter un dossier entier.

Ajouter un dossier à la galerie

Lorsque vous ajoutez un dossier à la Galerie de photos, toutes les images et vidéos qu'il contient s'affichent dans la Galerie. Vous ne pouvez ajouter qu'un dossier à la fois à la Galerie de photos. Vous devrez donc répéter cette procédure pour chaque dossier à ajouter.

1. Ouvrez la **Galerie de photos Windows Live**.

2. Dans le menu **Fichier**, cliquez sur **Ajouter un dossier à la Galerie**.

▲ Figure 13.3 : *Ajout d'un dossier à la Galerie*

3. Cliquez sur le dossier contenant les images et les vidéos à ajouter puis cliquez sur OK.

Vous devez éviter d'ajouter certains dossiers à la Galerie de photos. Le dossier *Disque local*, par exemple, est appelé dossier racine car il représente l'ensemble du disque dur. L'ajout de ce dossier à la Galerie de photos ralentit considérablement son exécution. Vous devez éviter d'ajouter le dossier Windows et autres emplacements système à la Galerie de photos pour des raisons similaires.

Ajouter des images à la galerie

Vous pouvez également ajouter des images et des vidéos individuelles à la Galerie de photos sans inclure automatiquement tous les autres fichiers stockés dans le même dossier. Pour cela :

1. Ouvrez le dossier contenant l'image ou la vidéo à ajouter à la Galerie de photos.

2. Ouvrez la **Galerie de photos Windows Live**.

3. Faites glisser l'image ou la vidéo du dossier vers la fenêtre de la Galerie de photos.

▲ Figure 13.4 : *Ajout d'images à la Galerie*

L'image ou la vidéo est copiée dans votre dossier *Images* et ajoutée automatiquement à la Galerie de photos.

Seules des images et des vidéos peuvent être ajoutées à la Galerie de photos. Si vous essayez d'ajouter d'autres types de fichiers, ils seront copiés dans le dossier *Images*, mais n'apparaîtront pas dans la Galerie de photos. Sachez que seules les images portant l'extension de nom de fichier *.jpeg* apparaîtront dans la Galerie de photos. Les images portant d'autres extensions, comme *.bmp* et *.gif*, n'apparaîtront pas.

Supprimer un dossier de la Galerie

Lorsque vous supprimez un dossier de la Galerie de photos, vous ne les supprimez pas de l'ordinateur. Si vous supprimez un dossier, la Galerie de photos n'affiche plus les images et les vidéos qui se trouvaient dans ce dossier, mais le dossier reste sur l'ordinateur.

Vous pouvez supprimer à tout moment des dossiers qui ont été ajoutés à la Galerie de photos, mais vous ne pouvez pas supprimer les dossiers situés par défaut dans la Galerie de photos. Un dossier supprimé n'apparaît plus dans la Galerie de photos.

Vous pouvez supprimer des dossiers de la Galerie de photos, mais vous ne pouvez pas supprimer des images ou des vidéos individuelles. Vous pouvez néanmoins supprimer à tout moment des images de la Galerie de photos. Si vous supprimez une image, elle est éliminée de l'ordinateur, comme si vous la supprimiez du dossier *Images*.

Procédez ainsi :

1. Ouvrez la **Galerie de photos Windows Live**.

2. Dans le volet de navigation, cliquez du bouton droit sur le dossier à supprimer puis cliquez sur **Supprimer de la galerie** (voir Figure 13.5).

La Galerie de photos constitue un autre moyen d'afficher et d'organiser vos images et vos vidéos. Elle affiche les images et les vidéos que vous avez stockées dans le dossier *Images* et d'autres dossiers de votre ordinateur. Elle ne remplace pas les dossiers de votre ordinateur. Par conséquent, vous ne devez pas supprimer les images de la Galerie de photos ou du dossier *Images*, sauf si vous souhaitez réellement les supprimer de votre ordinateur. Si vous le faites, elles seront éliminées de votre ordinateur et n'apparaîtront plus dans le dossier *Images* ni dans la Galerie de photos.

▲ Figure 13.5 : *Suppression d'un dossier*

13.2 Importer vos photos

Galerie de photos Windows Live vous sert de logiciel de support pour importer les photos de votre appareil numérique, sans avoir besoin d'installer un logiciel spécifique.

La plupart des appareils photo numériques stockent les images sur une carte mémoire flash, telle qu'une carte Compact Flash ou Secure Digital (SD). Lorsque la carte mémoire est pleine, vous devez importer les images sur l'ordinateur. Vous pouvez ensuite effacer la carte mémoire pour y stocker de nouvelles images.

Deux méthodes principales permettent d'importer des images :

■ Connecter directement l'appareil photo. Vous pouvez importer des images en connectant l'appareil photo directement à l'ordinateur à l'aide d'un câble USB . Avec cette méthode, votre appareil photo doit être allumé, si bien que l'importation d'images consommera de l'énergie fournie par la batterie. Si vous importez régulièrement des images, pensez à garder le câble à portée de main.

■ Utiliser un lecteur de carte mémoire. La méthode la plus rapide pour importer des images consiste à utiliser un lecteur de carte mémoire que vous devez acheter séparément ou qui est peut-être directement intégré dans votre ordinateur (renseignez-vous auprès de votre revendeur). Retirez la carte mémoire de l'appareil photo, insérez-la dans le lecteur de cartes puis branchez le lecteur de cartes sur le port USB de votre ordinateur.

Quelle que soit la méthode utilisée, Windows doit pouvoir reconnaître automatiquement l'appareil photo ou le lecteur de cartes lorsque vous le branchez.

Procédez comme suit :

1. Connectez votre appareil photo numérique à votre ordinateur.

◄ Figure 13.6 :
Connexion de
l'appareil photo

2. Dans la *Galerie de photos Windows Live*, cliquez sur **Fichier** puis **Importer depuis un appareil photo ou un scanneur…**. Sélectionnez l'appareil photo et cliquez sur **Importer**.

◄ Figure 13.7 :
Importer les
images

3. Une fois que Windows a détecté vos images, vous êtes invité à créer un mot-clé (un mot ou une phrase courte décrivant le groupe) pour les images importées. Le cas échéant, saisissez le nom du mot-clé dans la zone *Ajouter des mots clés*. Si les images importées n'ont aucun point en commun, ignorez cette étape. Vous pourrez plus tard ajouter des mots-clés aux images individuelles. Quand vous êtes prêt, cliquez sur **Suivant**.

▲ Figure 13.8 : *Importation d'images et de vidéos en cours*

4. Lorsque Windows commence l'importation des images, activez la case à cocher *Effacer après l'importation* si vous souhaitez que les images soient supprimées de la carte mémoire à la fin de l'importation. Cela libère de l'espace sur votre carte et vous permet de prendre de nouvelles photos.

5. Une fois les images importées, elles s'affichent dans la Galerie de photos Windows Live.

▲ Figure 13.9 : *Affichage des images dans la Galerie*

Utilisez la Galerie de photos Windows Live pour visualiser les nouvelles photos importées.

Faire pivoter une image

Les images verticales peuvent s'afficher de côté dans la Galerie de photos. Pour faire pivoter ces images dans le bon sens, cliquez sur le bouton **Faire pivoter vers la gauche** ou **Faire pivoter vers la droite**.

▲ Figure 13.10 : *Faire pivoter vers la droite*

Afficher un diaporama des images

Vous pouvez afficher vos images numériques sous forme de diaporama plein écran qui s'exécutera automatiquement. Vous avez le choix parmi une grande variété de thèmes de diaporama incluant des animations et autres effets visuels. Certains thèmes affichent plusieurs images sur l'écran simultanément.

Pour lancer un diaporama, procédez comme suit :

1. Sélectionnez les images souhaitées.

2. Cliquez sur le bouton **Diaporama** dans la partie inférieure de la Galerie de photos. Si vous ne sélectionnez aucune image, le diaporama inclura toutes les images de l'affichage en cours.

◄ Figure 13.11 :
Lancement du diaporama

Lorsqu'un diaporama est en cours d'exécution, des commandes vous permettent de l'interrompre, de régler sa vitesse, d'aller en avant ou en arrière et d'afficher les images de façon aléatoire ou dans l'ordre. Pour afficher ces contrôles, cliquez du bouton droit sur le diaporama pour afficher un menu.

Pour arrêter un diaporama, cliquez sur **Quitter** sur les commandes du diaporama ou appuyez sur la touche (Échap) du clavier.

13.3 Retoucher vos photos

Vous pouvez maintenant éditer vos photos pour les retoucher. Pour cela, sélectionnez une photo et cliquez sur le bouton **Corriger** puis ajustez les paramètres désirés, comme la retouche des yeux rouges, la couleur, etc. Lorsque vous corrigez une photo, il n'y a pas de procédure d'enregistrement de la photo retouchée : elle est automatiquement enregistrée. Toutefois, les boutons **Annuler** et **Rétablir** en bas à droite de la fenêtre vous permettent de revenir en arrière (à la photo d'origine) si les corrections ne vous semblent pas appropriées.

▲ Figure 13.12 : *Retouche d'images sous Galerie de photos Windows Live*

Vous avez déjà eu l'occasion de prendre des photos au flash, et vous avez probablement noté que les personnes avaient parfois les yeux rouges. Ce phénomène est provoqué par le reflet du flash de l'appareil photo sur la rétine du sujet photographié. Vous pouvez minimiser ce phénomène en utilisant la fonctionnalité d'atténuation des yeux rouges de votre appareil photo. Vous pouvez également utiliser la Galerie de photos Windows Live pour atténuer ou supprimer les yeux rouges sur vos photos.

Pour cela :

1. Ouvrez la **Galerie de photos Windows Live**.

2. Cliquez sur l'image à corriger. Dans la Barre d'outils, cliquez sur **Corriger**.

3. Dans le volet de correction, cliquez sur **Corriger les yeux rouges**.

▲ Figure 13.13 : *Correction des yeux rouges*

4. Cliquez dans l'angle supérieur gauche du premier œil rouge à corriger, puis faites glisser le pointeur de la souris vers son angle inférieur droit pour créer une sélection autour de l'œil. La correction des yeux rouges se fait automatiquement.

5. Répétez la sélection pour chaque œil à corriger.

▲ Figure 13.14 : *Sélection de l'œil*

Vous pouvez atténuer davantage les yeux rouges en sélectionnant plusieurs fois l'œil à corriger.

13.4 Numériser vos images

En utilisant la Galerie de photos Windows Live, vous pouvez numériser, modifier et organiser des images. Les images numérisées sont automatiquement stockées dans votre dossier *Images*, comme celles que vous pouvez importer d'un appareil photo.

Pour numériser une image en utilisant la Galerie de photos Windows Live, procédez comme suit :

1. Avant de commencer, vérifiez que vous avez installé le scanner sur l'ordinateur et que le scanner est allumé. Consultez le manuel de votre matériel.

2. Ouvrez la **Galerie de photos Windows Live**.

3. Cliquez sur **Fichier** puis sur **Importer depuis un appareil photo ou un scanneur**.

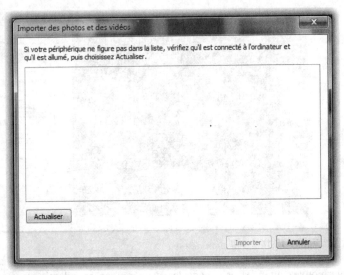

▲ Figure 13.15 : *Importation d'images*

4. Dans la fenêtre **Importer des images et des vidéos**, cliquez sur le scanner à utiliser, puis cliquez sur **Importer**.

5. Dans la boîte de dialogue **Nouvelle numérisation**, cliquez sur la liste des *Profils* puis cliquez sur **Photo**. Les paramètres par défaut pour numériser une image sont automatiquement affichés.

6. Si vous utilisez un scanner équipé d'un bac d'alimentation, cliquez sur la liste *Format du papier* puis cliquez sur la taille de l'image que vous avez placée sur le scanner ou sur la taille la plus proche de l'image.

7. Cliquez sur la liste *Format de la couleur* puis cliquez sur le format de couleur que vous souhaitez que le fichier numérisé affiche.

8. Cliquez sur la liste *Type de fichier* puis cliquez sur le type de fichier à utiliser pour enregistrer le fichier numérisé.

9. Cliquez sur la liste *Résolution (ppp)* puis cliquez sur la résolution, en points par pouce, à utiliser.

10. Réglez les paramètres de luminosité et de contraste ou saisissez les valeurs à utiliser.

11. Pour voir comment apparaîtra l'image une fois numérisée, cliquez sur **Aperçu**. Si nécessaire, modifiez vos paramètres de numérisation puis affichez de nouveau un aperçu de l'image. Recommencez cette procédure jusqu'à ce que vous soyez satisfait des résultats affichés dans l'aperçu. Avec certains scanners, il peut être nécessaire de placer l'image dans le bac d'alimentation à chaque numérisation.

12. Cliquez sur **Numériser**. Une fois la numérisation terminée, la Galerie de photos Windows Live vous invite à baliser l'image afin de la retrouver et l'organiser plus facilement.

13.5 Organiser vos images

Vous pouvez créer une copie d'une image avant de la modifier dans la Galerie de photos Windows Live. Vous pourrez ainsi créer deux versions différentes d'une image ou modifier une version sans toucher à la copie d'origine.

Procédez ainsi :

1. Ouvrez la **Galerie de photos Windows Live**.

2. Double-cliquez sur l'image ou la vidéo à copier.

3. Cliquez dans le menu **Fichier** puis cliquez sur **Effectuer une copie**.

◀ Figure 13.16 :
Copie d'images

4. Choisissez un emplacement d'enregistrement de la copie et tapez un nouveau nom pour l'image ou cliquez sur **Enregistrer**.

Si vous enregistrez l'image dans un dossier inclus dans la Galerie de photos, la copie et l'original apparaîtront dans la Galerie de photos. Le nouveau fichier comportera la même date de prise de vue et la même balise que l'original.

Si vous avez peur de perdre la version originale de l'image en la modifiant, n'oubliez pas que vous pouvez toujours annuler vos modifications. Vous n'avez pas nécessairement besoin de dupliquer une image avant de la modifier, sauf si vous souhaitez à la fois une version originale et une version modifiée. Si les modifications apportées à une image dans la Galerie de photos ne vous satisfont pas, il vous suffit d'ouvrir le volet de correction à tout moment, de cliquer sur **Annuler** en bas du volet de correction puis de cliquer sur **Revenir à l'original**. Toutes les modifications que vous avez apportées seront ignorées et l'image retrouvera son format d'origine.

Vous pouvez classer intelligemment toutes ces photos à l'aide des méthodes de classement proposées : soit en leur affectant une note grâce à des niveaux d'étoiles, soit en créant des catégories (des mots-clés), soit en les classant plus simplement dans des répertoires.

▲ Figure 13.17 : *Toutes les photos classées 5 étoiles dans Galerie de photos Windows Live*

Vous pouvez envoyer vos photos très simplement par email en sélectionnant votre photo et en cliquant sur le bouton **Envoyer**. Une fenêtre
s'affiche vous permettant de compresser l'image.

▲ Figure 13.18 : *Option de compression avant envoi par email*

Cliquez sur le bouton **Joindre**. Vous serez en mesure d'envoyer votre
email avec la photo sélectionnée comme pièce jointe.

▲ Figure 13.19 : *Envoi de photo par email*

Pour terminer, vous pouvez archiver vos images en créant des DVD de style diaporama ou les graver en tant que données ou les exporter vers **Windows Live Movie Maker** pour en faire des films, le tout en cliquant sur le bouton **Créer**.

▲ Figure 13.20 : *Sélectionnez la façon dont vous voulez archiver vos images*

13.6 En bref

Galerie de photos Windows Live ne fait pas partie de Windows 7 mais des services Windows Live. Il apparaît que cette application devient vite indispensable et très utile dès que vous manipulez des photos.

14

Divertissez-vous avec les fonctions multimédias de Windows 7

Afin de vous offrir une expérience de divertissement la plus riche possible, Windows 7 inclut des fonctions multimédias poussées. Notamment, Windows 7 inclut une nouvelle mouture du Windows Media Player, la version 12, ainsi qu'une nouvelle version du Windows Media Center.

Si Windows Media Player est inclus dans toutes les versions de Windows 7 (hormis les versions N sans Windows Media Player en Europe), vous retrouverez le Windows Media Center uniquement dans les versions Familiale Premium et Intégrale de Windows 7.

Techniquement, Windows 7 offre une prise en charge native des formats *MPEG2*, *H.264*, *VC1*, *MJPEG*, *DV*, *ACC-LC*, *AAC-HE*, *DivX*, *MPEG4* et *ASP*. Ce sont des acronymes complexes mais parmi lesquels vous aurez reconnu le format *DivX* bien connu. Plus besoin d'installer des logiciels additionnels pour lire le *DivX*. On retrouve également d'autres formats supportés nativement comme le *MP4*, *AVI*, *3GP*, *AVCHD*, *M4A* ou *DVR-MS*.

14.1 Windows Media Player 12

Au cours de ces dernières années, les façons d'obtenir et d'écouter de la musique ont beaucoup évolué. Si, comme la plupart, vous continuez à acheter fréquemment de nouveaux CD audio, vous avez certainement commencé à utiliser votre ordinateur pour gérer votre discothèque. Par exemple, pour numériser vos CD sur votre ordinateur. Il est même probable que vous ayez succombé à l'achat de musique en ligne... Outre votre discothèque personnelle, vous avez peut-être souscrit un abonnement mensuel pour accéder à des catalogues de musique en ligne. Une chose est sûre, cependant : les discothèques sont désormais numériques.

En plus de cela, la révolution des Ipod et autres baladeurs numériques confirme la tendance tout numérique de votre discothèque personnelle et aussi et surtout sa portabilité.

Le lecteur Windows Media 12 pour Windows 7 est le logiciel multimédia intégré de base à Windows 7, successeur du Windows Media Player 11 de Windows Vista.

Vous pouvez réaliser toutes les actions liées aux fichiers multimédias : de la lecture d'un morceau musical ou d'une vidéo, jusqu'à la gravure sur CD ou la transformation d'un format de fichier audio à un autre (mp3). Que vous souhaitiez graver des CD ou écouter de la musique, votre expérience musicale numérique commence et finit avec Windows Media Player. Avec son apparence améliorée et ses nouvelles fonctions plus simples et conviviales que jamais, le lecteur Windows Media 12 est l'outil idéal pour gérer votre discothèque, quelle que soit sa taille.

Pour exécuter Windows Media Player 12, cliquez sur le logo Windows de démarrage, sur **Tous les programmes** puis **Lecteur Windows Media**. Ou cliquez sur l'icône en forme de Barre des tâches.

▲ Figure 14.1 : *Windows Media Player 12*

La bibliothèque multimédia de Windows Media Player 12 a été retravaillée pour faciliter la navigation et l'écoute de vos pistes audio. Vous pouvez à présent visualiser votre musique par pochette d'album, comme avec une discothèque physique. Remarquez également la présence de la Barre de recherche rapide qui vous permet de trouver facilement le morceau recherché.

L'interface se veut épurée et vous retrouvez trois onglets dans le volet droit de l'application permettant d'accéder à la lecture en cours, aux bibliothèques ou aux options de synchronisation des médias avec un baladeur externe.

Parmi les nouveautés, vous noterez le nouveau mode d'affichage réduit du lecteur : une simple prévisualisation de la pochette de l'album avec les boutons de contrôle de la lecture.

Pour accéder au mode d'affichage réduit, cliquez sur le bouton représentant 3 carrés et une flèche, situé en bas à droite de la fenêtre de Windows Media Player.

◄ Figure 14.2 :
*Vue minimisée
de Windows
Media Player*

Vous pouvez également profiter maintenant de la présentation optimisée de l'artiste, du morceau et des informations sur le CD.

L'intérêt de stocker votre musique sur votre ordinateur Windows 7 est de vous permettre d'en profitez où que vous soyez. Pour cela, utilisez votre baladeur numérique ou votre Pocket PC ou gravez vos CD qui vous permettent d'emporter votre musique partout avec vous, comme vous le souhaitez.

Windows 7 rend la création de CD plus simple à utiliser. Vous pouvez graver les morceaux de votre choix dans l'ordre que vous voulez. Si votre ordinateur est équipé de plusieurs graveurs CD, la fonction de gravure étendue sur plusieurs disques vous permet de sauvegarder facilement la totalité de votre discothèque quand vous le souhaitez.

Intégrant la prise en charge des groupes résidentiels, pour un accès facilité aux médias partagés par les autres ordinateurs Windows 7 de votre réseau, la grande nouveauté de cette version de Windows Media Player est la prise en charge du streaming. Le streaming, ou diffusion de flux continu, désigne un principe utilisé surtout pour l'envoi de contenu en direct (ou en léger différé). Très employé sur Internet, il permet la lecture d'un flux audio ou vidéo, à mesure qu'il est diffusé. Il s'oppose ainsi à la diffusion par téléchargement qui nécessite de récupérer l'ensemble des données d'un morceau ou d'un extrait vidéo avant de l'écouter ou le regarder.

Pour accéder aux paramètres de streaming, dans Windows Media Player 12 :

1. Cliquez sur **Diffuser en contenu**.

2. Cliquez sur **Plus d'options de streaming**.

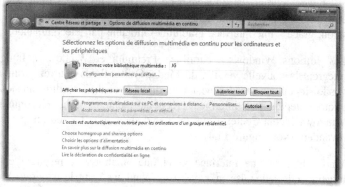

▲ Figure 14.3 : *Paramètres de streaming de Windows Media Player 12*

Avec Windows Media Player 12, il est toujours possible de lire à distance les médias stockés sur les ordinateurs du réseau, et inversement, mais aussi, et c'est la nouveauté, de lire le contenu au travers d'Internet. Concrètement, il s'agit de vous permettre d'accéder aux médias stockés sur vos ordinateurs domestiques depuis un lieu extérieur, en passant donc par la connexion Internet. Baptisée *RMS* ou *Remote Media Streaming*, la fonctionnalité exige que l'ordinateur contenant les médias exécute Windows 7 tout comme celui qui essaye d'y accéder. Pour activer la fonctionnalité, utilisez un compte Windows Live. Tout le reste est transparent, et si l'ordinateur contenant vos médias est allumé, il apparaît directement dans la liste des bibliothèques réseau disponibles avec une petite icône en forme de globe terrestre indiquant qu'il ne s'agit pas d'un contenu sur le réseau local. Vous pouvez alors naviguer dans sa bibliothèque de musique (ou d'images ou de vidéos) et profiter de ses médias à distance. Excellent, d'autant qu'aucune configuration n'est nécessaire au niveau réseau.

Au programme également, la prise en charge native du format de fichier QuickTime *.*mov* ou encore la possibilité de reprendre une lecture précédemment interrompue à l'endroit où vous l'aviez suspendue.

14.2 Windows Media Center

Windows Media Center, intégré à Windows 7, appelé Media Center dans le langage courant, est un lecteur de fichiers multimédias optimisé pour être utilisé à partir d'une télévision, confortablement installé dans son salon, grâce à une interface graphique pilotable par télécommande.

Les éditions Windows 7 Familiale Premium et Windows 7 Intégrale intègrent la nouvelle version du Media Center. Vous pourrez profiter de vos loisirs numériques (télévision en direct et en différé, films, musique et photos) depuis une interface grâce au menu et à la télécommande Windows Media Center. Cette télécommande doit être fournie par votre revendeur (voir Figure 14.4).

Vous retrouvez une interface graphique améliorée. S'inspirant encore largement de celle mise en œuvre avec Windows Vista, le Windows Media Center de Windows 7 se démarque avec ses nouvelles visualisations animées pour la bibliothèque photo ou encore avec sa prise en charge native de la TNT HD et du format *H.264*.

La version Windows Media Center de Windows 7 dispose d'un système de menu entièrement repensé.

▲ Figure 14.4 : *Welcome to Windows Media Center*

Pour y accéder, à partir de Windows 7 Edition familiale Premium et
Windows 7 Intégrale, cliquez sur le logo Windows de démarrage, sur **Tous
les programmes** puis **Windows Media Center**.

La version Windows Media Center de Windows 7 facilite la recherche, la
lecture et la gestion de vos fichiers multimédias numériques, sur votre
ordinateur ou sur votre téléviseur qui deviennent de plus en plus grands et
sophistiqués.

Vous pouvez organiser vos fichiers multimédias numériques de différentes
façons pour faciliter les recherches. En activant l'affichage des miniatures,
vous pouvez identifier rapidement un CD, une photo, un film ou une
émission de télévision. De plus, lorsque vous naviguez entre les différentes options, dans Windows Media Center, vous n'avez pas à interrompre
la lecture en cours. Les menus restent disponibles à tout moment.

Avec les versions de Windows 7 intégrant Windows Media Center, vous
pouvez profiter de vos données multimédias sur votre ordinateur, mais
également à partir d'autres PC (jusqu'à 5) ou téléviseurs, grâce à la
fonction Media Center Extender.

Windows Media Center propose une médiathèque permettant d'organiser, afficher et lire tous vos fichiers multimédias. Par défaut, Windows Media Center va scanner vos répertoires *Musique*, *Vidéos* et *Images*. Toutefois, il est impossible dans les préférences de Windows Media Center d'empêcher l'utilisation de ces 3 dossiers par défaut. Vous pouvez simplement ajouter d'autres dossiers. Il est donc conseillé de choisir soigneusement la cible des dossiers *Musique*, *Vidéos* et *Images*.

Pour cela, depuis l'Explorateur Windows, cliquez du bouton droit sur le dossier en question, puis cliquez sur propriétés. Vous aurez la possibilité, depuis l'onglet **Emplacement**, de changer l'endroit où pointe le raccourci. Très pratique pour indiquer un disque dur local différent ou un répertoire partagé sur le réseau contenant vos fichiers.

Écouter de la musique avec Media Center

Vous pouvez utiliser Windows Media Center pour écouter de la musique, mettre des morceaux en file d'attente de lecture ou créer des sélections de vos musiques favorites. Si vous le souhaitez, vous pouvez également écouter de la musique tout en regardant vos images favorites s'afficher en diaporama.

L'audiothèque est particulièrement bien pensée et vous permettra de facilement retrouver les morceaux de musique que vous voulez écouter même si vous avez une très vaste collection. Pour vous aider à retrouver un morceau dans votre bibliothèque, Windows Media Center propose de filtrer par *Artiste*, *Genre*, *Titre de chansons*, *Album*, *Année* et même *Compositeur*.

Rechercher des fichiers de musique dans votre bibliothèque

Vous pouvez parcourir votre bibliothèque musicale automatiquement au moyen des touches [Flèche] [←] et [→].

1. Sur l'écran de démarrage du Media Center, accédez à *Musique* puis cliquez sur **Audiothèque**.

2. Pour utiliser la fonction de recherche, sur l'écran de démarrage, accédez à *Musique*, faites défiler l'affichage vers la droite et cliquez

sur **Rechercher**. Entrez les lettres en utilisant votre clavier. Vous pouvez également utiliser la télécommande pour entrer vos critères de recherche.

▲ Figure 14.5 : *Rechercher des fichiers*

Écouter de la musique

Vous pouvez parcourir vos bibliothèques musicales automatiquement en utilisant les touches ⬅ et ➡.

1. Sur l'écran de démarrage, accédez à *Musique* puis cliquez sur **Audiothèque**.

2. Cliquez sur **Artiste de l'album**, **Album**, **Artiste**, **Genre**, **Chanson**, **Sélection**, **Compositeur** ou **Année** puis accédez à la musique que vous souhaitez écouter.

3. Cliquez sur un titre ou un no, puis sur **Lire l'album** ou **Lire le morceau**. La lecture de la musique commence.

4. Pour voir les morceaux qui seront lus ensuite, cliquez sur **Afficher la liste des morceaux**.

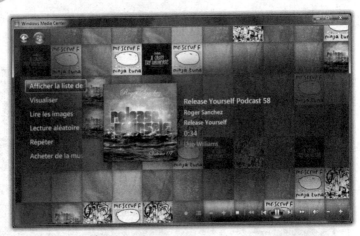

▲ Figure 14.6 : *Écouter de la musique*

Windows Media Center peut également afficher les pochettes des CD à condition que celles-ci soient présentes dans le dossier contenant les fichiers audio. La jaquette doit être nommée avec un nom de fichier avec extension *.jpg*. Windows Media Center est capable de télécharger la pochette correspondant à l'album si les informations sont correctement documentées. Le système s'appuie pour cela sur Windows Media Player, ce qui implique également que le Media Center est capable de lire uniquement les fichiers pris en charge par Windows Media Player. Tous les fichiers contenus dans la bibliothèque de Windows Media Player s'afficheront dans le Media Center en plus des dossiers que vous aurez sélectionnés avec l'Assistant. Le Media Center reconnaît également les images directement insérées dans les fichiers *mp3*.

Voir un diaporama avec de la musique

1. Sur l'écran de démarrage, accédez à *Musique* puis cliquez sur **Audiothèque**.

2. Cliquez sur **Artiste de l'album**, **Album**, **Artiste**, **Genre**, **Chanson**, **Sélection**, **Compositeur** ou **Année** puis accédez à la musique que vous souhaitez écouter.

3. Cliquez sur un titre ou un nom, puis sur **Lire l'album** ou **Lire le morceau**. La lecture de la musique commence.

4. Cliquez sur **Lire les images**.

▲ Figure 14.7 : *Diaporama et musique*

Ajouter un morceau à la file d'attente

La file d'attente est une liste temporaire de morceaux de musique que vous souhaitez écouter. Vous pouvez mettre de la musique en file d'attente pour ne pas avoir à sélectionner sans arrêt les chansons à écouter.

1. Sur l'écran de démarrage, accédez à *Musique* puis cliquez sur **Audiothèque**.

2. Cliquez sur **Artiste de l'album**, **Album**, **Artiste**, **Genre**, **Chanson**, **Sélection**, **Compositeur** ou **Année** puis accédez à la musique que vous souhaitez écouter.

3. Cliquez sur un titre ou un nom puis sur **Ajouter à la file d'attente**.

Visualiser les sélections

1. Sur l'écran de démarrage, accédez à *Musique* puis cliquez sur **Audiothèque**.

2. Cliquez sur **Sélections**.

3. Cliquez sur une sélection.

4. Sélectionnez l'une des options suivantes :

- *Lire* ;
- *Ajouter à la file d'attente* ;
- *Graver un CD ou un DVD* ;
- *Supprimer*.

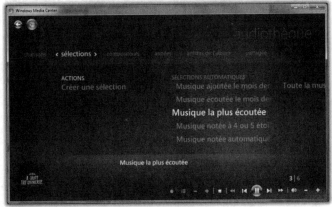

▲ Figure 14.8 : *Visualiser les sélections*

Supprimer une musique de l'ordinateur

Si vous supprimez un morceau de musique, un album ou une sélection à partir de Windows Media Center, il sera définitivement supprimé de la bibliothèque musicale et de l'ordinateur.

1. Sur l'écran de démarrage, accédez à *Musique* puis cliquez sur **Audiothèque**.

2. Cliquez sur un album, un morceau de musique ou une sélection puis cliquez du bouton droit pour faire apparaître le menu contextuel.

3. Cliquez sur **Supprimer**.

4. Cliquez sur **Oui** pour confirmer la suppression.

◄ Figure 14.9 :
*Suppression d'un
morceau*

Choisir la visualisation qui pourra apparaître pendant la lecture de la musique

Vous pouvez regarder différentes visualisations dont les formes changent au rythme du morceau de musique écouté. Les visualisations sont groupées en collections thématiques : **Alchimie**, **Barres et ondulations** ou **Batterie**.

1. Sur l'écran de démarrage, accédez à *Tâches*, cliquez sur **paramètres** puis sur **Musique**.

2. Cliquez sur **Visualisations** puis sélectionnez une catégorie de visualisation. Chaque catégorie contient un grand choix de visualisations.

3. Cliquez sur **Enregistrer**.

◄ Figure 14.10 :
*Choix de
visualisations
sympa*

Regarder des visualisations pendant la lecture d'un morceau de musique

1. Sur l'écran de démarrage, accédez à *Musique* puis cliquez sur **Audiothèque**.

2. Cliquez sur un album, un morceau de musique ou une sélection.

3. Cliquez sur **Lire le morceau** ou sur **Lire l'album** puis sur **Visualiser**.

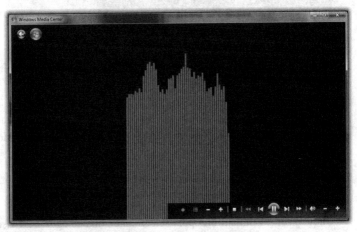

▲ Figure 14.11 : *Visualisations*

Pour qu'une visualisation démarre toujours à chaque lecture de musique

1. Sur l'écran de démarrage, accédez à *Tâches*, cliquez sur **paramètres** puis sur **Musique**.

2. Cliquez sur **Visualisation** puis **Lecture en cours**. Activez la case à cocher *Démarrer automatiquement les visualisations*.

3. Dans *Afficher des informations sur les morceaux pendant la visualisation*, sélectionnez une option.

4. Cliquez sur **Enregistrer**.

▲ Figure 14.12 : *Démarrage automatique des visualisations*

Lire une vidéo et regarder des images

Windows Media Center vous permet de regarder des images en diaporama et de lire des vidéos. Vous pouvez utiliser différents critères pour rechercher des fichiers multimédias tels que des films, des vidéos, de la musique, des images ou des émissions de télévision enregistrées. Ces fichiers sont stockés dans les bibliothèques de votre ordinateur Media Center.

Vous pouvez parcourir vos bibliothèques d'images et de vidéos automatiquement en utilisant les touches ⬅ et ➡.

Rechercher et lire un fichier vidéo

Si vous avez des problèmes pour retrouver un fichier vidéo, essayez de changer la façon dont le Media Center groupe vos vidéos.

1. Sur l'écran de démarrage, accédez à *Images + vidéos* puis cliquez sur **Vidéothèque**.

2. Accédez à l'un des critères de tri et recherchez votre fichier. Vous pouvez trier les fichiers par *Dossiers* ou *Date de la prise*.

3. Recherchez la vidéo que vous voulez regarder puis cliquez sur le fichier vidéo pour le lire (voir Figure 14.13).

Le Media Center est également capable de lire des DVD copiés sur le disque dur mais la *Bibliothèque de DVD* n'est pas activée par défaut. Pour la faire apparaître, vous devez aller dans la Base de registre :

▲ Figure 14.13 : *Recherche et lecture d'une vidéo*

1. Cliquez sur le bouton Windows de démarrage et tapez `regedit`. Validez.

2. La Base de registre s'ouvre. Naviguez jusqu'à la clé suivante : *HKEY_CURRENT_USER\Software\Microsoft\Windows\Current Version\Media Center\Settings\DvdSettings*.

3. Changez la valeur *ShowGallery* pour *Gallery*.

4. Relancez le Media Center. La Bibliothèque de DVD devrait apparaître en tant que sous-menu de la section *TV + Films*.

Modifier la couleur d'arrière-plan de la vidéo

Pour éviter le marquage d'un écran plasma haut de gamme pendant la lecture de la vidéo, vous pouvez changer la couleur d'arrière-plan. (Le marquage ou la persistance survient si vous laissez une image statique affichée sur l'écran pendant un long moment. Vous verrez alors peut-être une trace floue de l'image même après son remplacement par une nouvelle image.)

1. Sur l'écran de démarrage, accédez à **Tâches**, cliquez sur **paramètres**, sur **Général**, sur **Effets visuels et sonores** puis sur **Couleur d'arrière-plan de la vidéo**.

2. Pour changer la couleur d'arrière-plan de la vidéo, cliquez sur le bouton - ou + jusqu'à obtenir la couleur souhaitée. La couleur par défaut est le noir et les couleurs possibles vont du gris à 90 % au gris à 10 % puis au blanc.

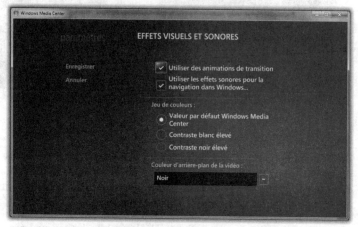

▲ Figure 14.14 : *Modification de l'arrière-plan*

Rechercher et visionner un fichier image

Si vous avez des problèmes pour trouver un fichier image, essayez de changer la façon dont Windows Media Center groupe vos images.

1. Sur l'écran de démarrage, accédez à *Images + vidéos* puis cliquez sur **Photothèque**.

2. Accédez à l'un des critères de recherche et recherchez votre image. Vous pouvez trier les images par *Date de la prise*, *Dossiers* et *Balises*.

3. Cliquez sur l'image que vous voulez afficher.

▲ Figure 14.15 : *Recherche et lecture d'une image*

Lire un diaporama

Un diaporama est une série d'images généralement groupées dans un dossier, par date de prise ou par balise. Utilisez les boutons de la Barre d'outils du diaporama pour démarrer, suspendre, aller à la diapositive précédente ou suivante ou terminer le diaporama.

Si la Barre d'outils n'est pas affichée, déplacez le pointeur sur l'écran et elle apparaîtra dans l'angle inférieur droit de l'écran.

Vous pouvez également choisir de lire un diaporama en écoutant de la musique. Cela vous permet de profiter en même temps de vos images et de vos musiques.

1. Sur l'écran de démarrage, accédez à *Images + vidéos* puis cliquez sur **Photothèque**.

2. Cliquez sur une collection d'images. Selon la manière dont Windows Media Center a groupé votre contenu, les images sont triées par *Dossiers*, *Date de la prise* ou *Balises*.

3. Cliquez sur **lire le diaporama**.

Regarder la TV

Pour profiter des fonctionnalités autour de la télévision, votre ordinateur doit posséder une carte Tuner TV. Si votre ordinateur n'a pas de tuner TV, un tuner TV analogique ou numérique optionnel est nécessaire pour lire et enregistrer les programmes télévisés dans le Media Center.

Vous pouvez utiliser Windows Media Center pour regarder la télévision et des films. Vous pouvez également choisir d'interrompre la télévision en direct pour faire autre chose sans manquer des parties de vos émissions télévisées favorites. Lorsque vous interrompez la télévision en direct ou un film, l'émission télévisée ou le film en cours de diffusion est temporairement enregistré dans un fichier vidéo. Vous pouvez ensuite rembobiner ou avancer rapidement l'émission télévisée ou le film enregistré pour rattraper votre retard.

L'un des points forts du Media Center est sa fonction télévision car elle offre de très nombreuses possibilités telles que l'enregistrement, le différé, le support du son en stéréo Nicam et du standard HDTV. Le Media Center de Windows 7 possède son propre décodeur MPEG-2 intégré. Ainsi, il n'est plus nécessaire d'installer un logiciel tiers pour regarder la TNT ou un DVD. Également, le Windows Media Center de 7 accepte les accès conditionnels et la TV payante.

Regarder la télévision en direct

1. Utilisez l'une des méthodes suivantes :

- Sur l'écran de démarrage, accédez à *TV* puis cliquez sur **TV en direct**.
- Sur la télécommande de Windows Media Center, appuyez sur TV EN DIRECT.
- Sur l'écran de démarrage, accédez à *TV*, cliquez sur **guide**, repérez dans le Guide l'émission télévisée que vous voulez voir puis cliquez sur une émission en cours de diffusion.

2. Pour afficher des informations sur le programme télévisé que vous êtes en train de regarder, cliquez du bouton droit sur l'émission télévisée en cours de diffusion puis cliquez sur **Informations sur le programme**. Cliquez sur **Regarder** pour revenir à l'émission télévisée.

3. Pour changer de chaîne, déplacez la souris puis cliquez sur **Ch -** ou sur **Ch +** pour passer respectivement à la chaîne suivante ou à la chaîne précédente.

4. Pour accéder à la dernière chaîne que vous avez regardée, appuyez sur le bouton ⏎ de la télécommande.

Suspendre la télévision en direct ou un film

1. En regardant une émission télévisée en direct ou un film, déplacez la souris puis cliquez sur **Suspendre**.

2. Lorsque vous êtes prêt, vous pouvez utiliser les contrôles de transport pour contrôler la lecture de l'émission télévisée ou du film suspendu. Déplacez la souris puis cliquez sur **Retour rapide**, **Rembobiner** ou **Avance rapide**.

3. Pour regarder à nouveau l'émission télévisée ou le film, déplacez la souris. Dans les contrôles de transport, cliquez sur **Lecture**.

Régler le volume pendant que vous regardez une émission télévisée en direct ou un film

1. Pendant que vous regardez une émission télévisée en direct ou un film, déplacez la souris puis cliquez sur le bouton **-** ou **+** pour augmenter ou réduire le volume .

2. Cliquez sur le bouton **Muet** représentant un haut-parleur barré pour supprimer le son. Cliquez à nouveau sur **Muet** pour rétablir le son.

Utiliser des sous-titres en regardant la télévision

Certains programmes télévisés sont diffusés en version originale sous-titrée ; dans ce cas, les diffuseurs incluent parfois une fonctionnalité de sous-titrage comme service de télétexte de la chaîne associée. Windows Media Center prend en charge le rendu des sous-titres dans le télétexte.

Les sous-titres sont parfois directement inclus dans la vidéo, auquel cas l'affichage de télétexte par Windows Media Center ne sera pas nécessaire.

Windows Media Center prend en charge les sous-titres dans le télétexte de deux manières. Dans le mode d'affichage du télétexte, l'utilisateur peut localiser la page sur laquelle les informations de télétexte sont diffusées (par exemple, 888), puis entrer directement le numéro de cette page. L'utilisateur peut également définir une page de télétexte à afficher lorsque le bouton Muet est activé sur la télécommande. Cette deuxième possibilité est plus appropriée dans le cas de configurations régionales où des sous-titres sont diffusés invariablement sur la même page de télétexte.

Pour définir une page de télétexte à afficher lorsque le bouton Muet est activé :

1. Sur l'écran de démarrage, accédez à *Tâches* puis cliquez sur l'écran **Paramètres**.

2. Cliquez sur **TV** puis sur **Sous-titre**.

3. Cliquez sur **Activé**, sur **Désactivé**, ou sur **Effectif lorsque muet est activé**.

4. Si l'option **Effectif lorsque muet** est activé est sélectionnée, entrez le numéro de la page dans la zone de saisie affichée à l'écran.

Rechercher et regarder des films à la télévision

1. Sur l'écran de démarrage, accédez à *TV* puis cliquez sur *Guide des films*.

2. Selon l'heure ou le type de film que vous recherchez à la télévision, cliquez sur **Meilleur classement**, **En cours**, **Suivant** ou **Genres**.

3. Cliquez sur un film en cours de diffusion à la télévision.

4. Cliquez sur **Regarder**.

5. Pour afficher des informations sur le film que vous êtes en train de regarder, cliquez du bouton droit dessus puis cliquez sur **Détails du film**. Cliquez sur **Regarder** pour revenir au film.

Écouter la radio

Si vous souhaitez écouter la radio avec le Media Center, une carte tuner FM optionnelle est nécessaire.

Vous pouvez utiliser Windows Media Center pour écouter des stations de radio FM et Internet disponibles dans votre région et créer des présélections pour vos stations de radio favorites.

Rechercher et écouter une station de radio FM

1. Sur l'écran de démarrage, accédez à *Musique*, cliquez sur **Radio** puis sur **Radio FM**.

2. Pour permettre à Windows Media Center de rechercher une station de radio, dans *Recherche* ou *Régler*, cliquez sur - ou + pour rechercher les stations de radio disponibles. Si vous connaissez la fréquence de la station, entrez les chiffres à l'aide du pavé numérique de la télécommande ou du clavier.

3. Utilisez les contrôles de transport dans la partie inférieure droite de l'écran pour contrôler la lecture, notamment changer de station, régler le volume et suspendre ou arrêter l'écoute.

Modifier une présélection existante

1. Sur l'écran de démarrage, accédez à *Musique*, cliquez sur **Radio**, sur **Préréglages** puis sur la présélection que vous souhaitez modifier.

2. Pour modifier la fréquence de la présélection, dans *Régler*, cliquez sur le bouton - ou + puis cliquez sur **Enregistrer comme présélection**.

3. Pour modifier le nom de la présélection, cliquez sur **Modifier la présélection**. Sur l'écran **Modifier la présélection**, entrez vos modifications puis cliquez sur **Enregistrer**.

Créer des présélections de stations de radio FM

1. Sur l'écran de démarrage, accédez à *Musique*, cliquez sur **Radio** puis sur **Radio FM**.

2. Dans *Recherche* ou *Régler*, cliquez sur - ou + pour rechercher la station de radio voulue.

3. Lorsque la station recherchée a été trouvée, cliquez sur **Enregistrer comme présélection**.

4. Entrez le nom de la station puis cliquez sur **Enregistrer**.

Écouter une station de radio présélectionnée

1. Sur l'écran de démarrage, accédez à *Musique*, puis cliquez sur **Radio**.

2. Dans la galerie *Radio*, cliquez sur **Préréglages** puis choisissez une station de radio présélectionnée. Vous pouvez également accéder à la dernière station présélectionnée.

Rechercher et écouter des stations de radio Internet

Certains programmes partenaires de radio Internet sont uniquement disponibles par abonnement.

1. Sur l'écran de démarrage, accédez à *Média en ligne* puis cliquez sur **Parcourir les catégories**.

2. Cliquez sur **Musique & radio**.

3. Cliquez sur la station de radio en ligne.

14.3 En bref

Windows 7 vous donne l'occasion de retrouver une toute nouvelle version du Media Center et du Media Player. Le Media Center est une couche multimédia qu'on peut trouver dans les éditions Familiale Premium et Intégrale de Windows 7. Le Media Player est présent dans toutes les versions de Windows 7.

Grâce au Media Center, il devient notamment possible de regarder la télévision, enregistrer une émission, consulter la grille des programmes TV ou encore regarder un DVD. Vous pourrez accéder à toutes ces activités via une interface étudiée spécialement pour s'afficher de manière lisible sur une télévision ou un vidéoprojecteur. Les menus, quant à eux, peuvent être parcourus simplement à l'aide d'une télécommande classique ; vous n'êtes donc pas obligé de garder un clavier sans fil près de votre canapé pour piloter votre ordinateur.

Au fil des années, les ordinateurs sont devenus beaucoup plus performants. Les gains de puissance ont peu à peu permis d'élargir le champ d'utilisation, les rendant bien plus polyvalents. L'arrivée successive du CD, du DVD, de la musique numérique popularisée par le format mp3 et aujourd'hui du contenu Haute Définition ont ouvert la voie à un nouvel usage de l'outil microinformatique. L'ordinateur a tout simplement été domestiqué : passant du statut de simple outil de travail à celui de centre de divertissement numérique.

15

Votre ordinateur portable et Windows 7

L'utilisation de l'ordinateur portable est de plus en plus courante, en entreprise comme à la maison. Non seulement il s'avère très pratique en déplacement, mais les configurations matérielles sont de plus en plus puissantes. Des études tendent d'ailleurs à démontrer que la vente d'ordinateurs portables dépassera bientôt la vente de stations de travail.

Avec les connexions réseau sans fil, les batteries de plus en plus performantes, les sorties TV et vidéo, webcams, les usages, besoins et exigences ont radicalement évolué : on peut ainsi être connecté partout où l'on est, d'un hôtel à l'autre.

Également, un grand nombre de périphériques externes gravitent autour de nos ordinateurs.

Windows 7 se devait de prendre en compte tous ces nouveaux usages et de simplifier encore plus notre utilisation de l'ordinateur portable. Le but de cette simplification est bien sûr d'améliorer la productivité de l'utilisateur.

15.1 Le Centre de mobilité Windows

Grâce au Centre de mobilité Windows, vous pouvez accéder rapidement aux paramètres de votre ordinateur portable à partir d'un emplacement unique et pratique. Vous pouvez régler le volume des haut-parleurs, vérifier l'état de votre connexion réseau sans fil et ajuster la luminosité de l'affichage, le tout, à partir d'un emplacement unique.

Il n'est plus nécessaire de se rappeler où sont situés les paramètres dans le Panneau de configuration, ce qui s'avère particulièrement utile lorsque vous avez besoin de régler rapidement les paramètres afin d'utiliser votre ordinateur portable dans des lieux différents, notamment lors des déplacements entre votre bureau et un lieu de réunion ou lorsque vous quittez votre domicile pour l'aéroport. Le fait de pouvoir régler ces paramètres à partir d'un emplacement unique vous permet de gagner du temps, que vous utilisiez votre ordinateur portable à des fins professionnelles ou personnelles.

Pour ouvrir le Centre de mobilité Windows, appliquez l'une des méthodes suivantes :

- Cliquez sur le bouton **Démarrer**, sur **Panneau de configuration**, sur **Ordinateur portable** puis sur **Centre de mobilité Windows**.

- Cliquez sur l'icône de la jauge de la batterie dans la zone de notification de la Barre des tâches Windows puis sur **Centre de mobilité Windows**.

- Appuyez sur [Windows]+[X].

▲ Figure 15.1 : *Le Centre de mobilité Windows*

Le Centre de mobilité Windows est constitué de plusieurs des paramètres d'ordinateur portable les plus couramment utilisés. Selon votre système, la fenêtre du Centre de mobilité Windows offre certaines des mosaïques suivantes mais peut-être pas toutes :

- **Luminosité**. Déplacez le curseur pour régler temporairement la luminosité de votre affichage. Pour régler les paramètres de luminosité de l'affichage de votre mode de gestion de l'alimentation, cliquez sur l'icône de la mosaïque pour ouvrir **Options d'alimentation** dans le Panneau de configuration.

- **MASWP2Volume.** Déplacez le curseur pour régler le volume des haut-parleurs de votre ordinateur portable ou activez la case à cocher *Muet*.

- **État de la batterie.** Affichez le niveau de charge de votre batterie ou sélectionnez un mode de gestion de l'alimentation dans la liste.

- **Réseaux sans fil.** Affichez l'état de votre connexion réseau sans fil ou activez ou désactivez votre carte réseau sans fil.

- **Orientation de l'écran.** Changez l'orientation de l'écran de votre tablet PC, de mode Portrait à Paysage ou vice-versa.

- **Écran externe.** Connectez un moniteur supplémentaire à votre ordinateur portable ou personnalisez les paramètres d'affichage.

- **Centre de synchronisation.** Affichez l'état d'une synchronisation de fichiers en cours, démarrez une nouvelle synchronisation ou configurez un partenariat de synchronisation puis réglez vos paramètres dans le Centre de synchronisation.

- **Paramètres de présentation.** Réglez les paramètres, tels que le volume des haut-parleurs et l'image d'arrière-plan du Bureau, pour réaliser une présentation. Le mode de présentation vous coupe l'écran de veille et vos conversations de messagerie instantanée pour ne pas vous déranger pendant votre présentation.

Si vous avez besoin d'accéder au Panneau de configuration afin de procéder à des réglages supplémentaires des paramètres de votre ordinateur portable, cliquez sur l'icône du Centre de mobilité pour ouvrir le Panneau de configuration afin d'activer le paramètre en question. Vous pouvez sélectionner un mode de gestion de l'alimentation existant à partir de la mosaïque *Niveau de la batterie* ou cliquer sur l'icône du Centre de mobilité pour ouvrir **Options d'alimentation** dans le Panneau de configuration afin de créer un mode de gestion de l'alimentation.

Certaines mosaïques qui figurent dans le Centre de mobilité Windows sont ajoutées par le fabricant de votre ordinateur portable. Si une mosaïque ne s'affiche pas, il est possible que le matériel requis, une carte de réseau sans fil ou des pilotes par exemple, manquent.

Le mode de présentation

Attardons-nous quelque peu sur le mode de présentation, membre du Centre de mobilité, qui, au-delà de sa simplicité technique devient vite incontournable.

Vous prendrez rapidement le réflexe d'utiliser le raccourci clavier (Windows)+(X) pour ouvrir le Centre de mobilité puis de cliquer sur **Activer** lorsque vous animerez une présentation, lors d'une réunion, que vous soyez connecté à un vidéoprojecteur ou pas.

▲ Figure 15.2 : *Le mode de présentation dans le Centre de mobilité*

Une fois activé, le mode de présentation vous désactive momentanément l'écran de veille, l'extinction du moniteur ou Windows Live Messenger pour ne pas recevoir des messages impromptus.

Le mode de présentation est activé en recherchant dans la Barre des tâches, sur la droite, l'icône suivante.

◄ Figure 15.3 :
Le mode de présentation est
activé si vous voyez cette icône
dans la Barre des tâches

Remarquez également dans la Barre des tâches l'icône de Windows Live Messenger qui apparaît comme occupée.

Activée, vous pouvez cliquer du bouton droit sur l'icône représentant le mode de présentation et cliquez sur **Personnaliser les paramètres de présentation**. Vous pourrez alors personnaliser le comportement du mode de présentation.

15.2 La gestion de l'alimentation

Dans cette version de Windows, vous contrôlez plus que jamais la manière dont votre ordinateur utilise et gère l'alimentation. Dans un monde numérique où l'écologie et les économies d'énergie (green IT) sont cruciaux, les ordinateurs et par extension les systèmes d'exploitation et les applications doivent consommer le moins possible. Même côté logiciel, il est possible de faire des efforts.

Et des efforts sont visibles sous Windows 7 pour parvenir à économiser l'énergie. Tout d'abord Windows 7 fonctionne avec peu d'activités en arrière-plan, ainsi le processeur de votre ordinateur ne fonctionne pas au maximum et nécessite moins de puissance. Les autres innovations comprennent la lecture de DVD économique (pratique sur les trajets longue distance), la diminution automatique de l'intensité lumineuse à l'écran, la désactivation des ports inutilisés et un indicateur de durée de vie de la batterie plus précis. Ainsi, vous ne serez plus surpris par une batterie déchargée. La consommation s'en trouve réduite.

Parallèlement, un nouveau système dit "*Background Process Management*" a été mis en place. Il permet de planifier le démarrage des services ou de certaines tâches ou encore de déclencher le démarrage de certains services en fonction d'un événement précis comme le raccordement d'un périphérique. Par exemple, le service Bluetooth démarre seulement lorsqu'un périphérique Bluetooth est relié au système. Citons également la possibilité de suspendre les périphériques audio USB en période d'inactivité, ou encore la mise en sommeil du contrôleur réseau filaire dès que le câble est débranché.

Vous pouvez vous servir de la jauge de la batterie pour activer un mode de gestion de l'alimentation différent. Même si la jauge de la batterie est plus communément utilisée avec les ordinateurs portables, elle peut également s'afficher sur un ordinateur de bureau si celui-ci est branché à un onduleur ou tout autre périphérique d'alimentation de type batterie de courte durée.

La jauge de la batterie se situe dans la zone de notification de la Barre des tâches Windows. Elle vous facilite la gestion de la consommation d'énergie de votre ordinateur portable pendant que vous utilisez celui-ci.

Lorsque vous pointez sur l'icône de la batterie, le pourcentage de la charge restante de la batterie s'affiche, ainsi que le mode de gestion de l'alimentation qu'utilise Windows.

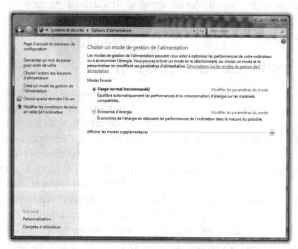

▲ Figure 15.4 : *Gestion de l'alimentation*

Pointez sur l'icône de la batterie pour afficher le mode de gestion de l'alimentation actif et la quantité de charge qui reste sur votre batterie.

De nombreux ordinateurs portables sont équipés de plusieurs batteries. Cliquez sur l'icône de la batterie pour afficher la charge qui reste sur chaque batterie. Pointez sur l'icône pour afficher la charge combinée.

La jauge de la batterie indique également si votre ordinateur portable fonctionne sur secteur ou sur batterie. Lorsque la charge de votre batterie atteint un niveau faible, la jauge de la batterie affiche une notification directement au-dessus de l'icône de la batterie.

L'apparence de l'icône de la batterie change pour refléter l'état en cours de votre batterie ; vous pouvez ainsi vérifier le niveau de charge restant. Lorsque le niveau de charge de la batterie est supérieur à 25 %, l'icône de la batterie est verte. Lorsque le niveau de charge de la batterie atteint 25 %, un triangle jaune comprenant un point d'exclamation (!) s'affiche au-dessus de l'icône de batterie verte. Lorsque la charge de la batterie atteint un niveau de batterie faible, un cercle rouge comprenant une croix (X) blanche s'affiche au-dessus de l'icône de batterie verte.

Lorsque vous cliquez sur l'icône de la batterie, la jauge de la batterie indique la charge restante. À partir de la jauge de la batterie, vous pouvez également basculer entre les différents types de modes de gestion de l'alimentation (par exemple, passer d'un mode qui optimise les performances système à un mode qui permet d'économiser l'énergie).

Modes de gestion de l'alimentation

Les paramètres de l'alimentation de cette version de Windows sont basés sur les modes de gestion de l'alimentation. Un mode de gestion de l'alimentation est un ensemble de paramètres matériels et système qui permettent de gérer la manière dont votre ordinateur utilise l'énergie. Les modes de gestion de l'alimentation vous permettent d'économiser de l'énergie, d'optimiser les performances système ou de parvenir à un équilibre entre les deux. Les trois modes de gestion de l'alimentation (*Usage normal*, *Économies d'énergie* et *Performances élevées*) répondent aux besoins de la plupart des utilisateurs. Vous pouvez modifier les paramètres de chacun de ces modes ou, si ces modes ne répondent pas à vos besoins, créer vos propres modes de gestion de l'alimentation en vous appuyant sur l'un de ces modes.

Il est possible que le fabricant de l'ordinateur fournisse des modes de gestion de l'alimentation supplémentaires.

Lorsque vous démarrez Windows, le mode de gestion de l'alimentation Usage normal est le mode actif par défaut. Ce mode permet des performances système maximales lorsque votre travail ou activité en a besoin, et économise l'énergie lorsque vous n'utilisez pas votre ordinateur.

Le tableau suivant décrit chaque mode de gestion de l'alimentation par défaut.

Tab. 15.1 : Les modes de gestion de l'alimentation

Mode	Description
Usage normal	Ce mode établit l'équilibre entre la consommation d'énergie et les performances système en adaptant la vitesse du processeur de l'ordinateur à votre activité.
Économies d'énergie	Ce mode économise l'énergie sur votre ordinateur portable en réduisant les performances système. Son objectif principal est d'optimiser la durée de vie de la batterie.
Performances élevées	Ce mode fournit le niveau le plus élevé de performances sur votre ordinateur portable en adaptant la vitesse du processeur à votre travail ou activité et en optimisant les performances système.

Vous pouvez gérer tous les paramètres des modes de gestion de l'alimentation à l'aide des **Options d'alimentation** dans le Panneau de configuration. Vous pouvez optimiser davantage la consommation d'énergie et les performances système en modifiant les paramètres d'alimentation avancés. Peu importe le nombre de paramètres que vous modifiez, vous avez toujours la possibilité de les restaurer à leurs valeurs d'origine.

Personnalisation des modes de gestion de l'alimentation

Vous pouvez donc modifier un mode existant ou en créer un autre : voici les procédures à suivre.

Pour modifier un mode existant, procédez comme suit :

1. Cliquez sur le logo Windows de démarrage, sélectionnez les commandes **Panneau de configuration**, **Système et sécurité** puis **Options d'alimentation**.

2. Dans la page *Choisir un mode de gestion de l'alimentation*, cliquez sur **Modifier les paramètres du mode** sous le mode de gestion de l'alimentation à modifier.

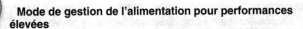

Mode de gestion de l'alimentation pour performances élevées

Par défaut, pour voir apparaître le mode de gestion de l'alimentation *Performances élevées*, vous devez cliquer sur **Afficher les modes supplémentaires**.

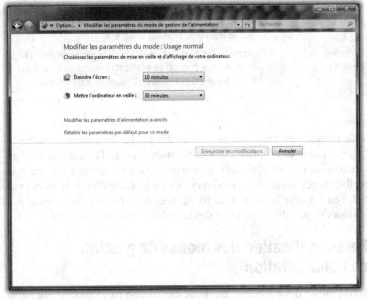

▲ Figure 15.5 : *Modifications d'un mode de gestion de l'alimentation*

3. Dans la page *Modifier les paramètres du mode*, choisissez les paramètres d'affichage et de veille à utiliser lorsque votre ordinateur portable fonctionne sur batterie et sur secteur. Si vous ne souhaitez pas modifier d'autres paramètres, cliquez sur **Enregistrer les modifications**. Autrement, pour modifier des paramètres supplémentaires de l'alimentation, cliquez sur **Modifier les paramètres d'alimentation avancés**.

▲ Figure 15.6 : *Modifications avancées d'un mode de gestion de l'alimentation*

4. Dans l'onglet **Paramètres avancés**, développez la catégorie à personnaliser et chaque paramètre à modifier, puis choisissez les valeurs à utiliser lorsque votre ordinateur fonctionne sur batterie et sur secteur.

5. Cliquez sur OK puis sur **Enregistrer les modifications**.

Pour créer votre propre mode de gestion de l'alimentation, procédez comme suit :

1. Cliquez sur le logo Windows de démarrage, sélectionnez les commandes **Panneau de configuration**, **Système et sécurité** puis **Options d'alimentation**.

2. Dans la page *Choisir un mode de gestion de l'alimentation*, dans le volet *Tâches*, cliquez sur **Créer un mode de gestion de l'alimentation**.

3. Dans la page *Créer un mode de gestion de l'alimentation*, sélectionnez le mode qui se rapproche le plus du type de mode que vous cherchez à créer. Par exemple, pour créer un mode qui permet de préserver l'énergie, sélectionnez Économies d'énergie.

4. Dans la zone *Nom du mode*, tapez un nom pour le mode puis cliquez sur **Suivant**.

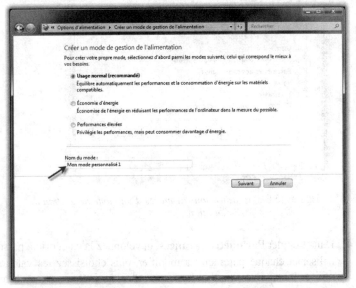

▲ Figure 15.7 : *Création d'un mode de gestion de l'alimentation*

5. Dans la page *Modifier les paramètres du mode*, choisissez les paramètres d'affichage et de veille à utiliser lorsque votre ordinateur fonctionne sur batterie et sur secteur. Cliquez sur **Créer**.

Sur un ordinateur portable, votre mode s'affiche sous *Modes pris en compte* sur la jauge de batterie. Le mode sur lequel vous avez basé votre nouveau mode est déplacé et s'affiche sous *Modes supplémentaires*. Le mode que vous avez créé devient automatiquement le mode actif. Pour rendre un autre mode actif, sélectionnez le mode en question.

Si vous avez créé des modes de gestion de l'alimentation que vous n'utilisez plus ou dont vous n'avez plus besoin, supprimez-les. Vous ne pouvez supprimer aucun des trois modes de gestion de l'alimentation par défaut (Équilibre, Économies d'énergie ou Performances élevées). Attention, une fois un mode supprimé, vous ne pouvez plus le restaurer.

Pour supprimer un mode, procédez comme suit :

1. Cliquez sur le logo Windows de démarrage, sélectionnez les commandes **Panneau de configuration**, **Système et maintenance** puis **Options d'alimentation**.

2. Si le mode actif est celui que vous souhaitez supprimer, rendez un autre mode actif.

3. Dans la page *Sélectionner un mode de gestion de l'alimentation*, cliquez sur **Modifier les paramètres du mode** sous le mode de gestion de l'alimentation à supprimer.

4. Dans la page *Modifier les paramètres du mode*, cliquez sur **Supprimer ce mode**.

5. Lorsque le système vous le demande, cliquez sur OK.

15.3 En bref

L'usage d'un ordinateur portable avec Windows 7 est de plus en plus simple et les fonctions spécifiques au nomadisme toutes mises à portée grâce au Centre de mobilité. De plus, les modes d'alimentation vous permettent d'économiser de l'énergie (de la batterie), ce qui est bien agréable. Vous pouvez utiliser les modes d'alimentation pour des ordinateurs de bureau : c'est aussi chaudement recommandé.

16

Surveillance
et dépannage

La surveillance des ressources est depuis toujours un point important si l'on souhaite garder les bonnes performances de son ordinateur. Dans ce cas, la surveillance a un rôle proactif. Mais il peut arriver que l'on ait besoin de savoir ce qui a conduit à un dysfonctionnement. Pour cela, Windows 7 poursuit et améliore le travail commencé avec Windows-Vista ; il vous propose un ensemble d'outils capables de vous informer sur la fiabilité de votre machine durant les derniers jours, mais aussi des journaux consolidant des historiques d'événements, un suivi en temps réel ou encore un rapport de santé détaillé. C'est ce qui vous sera présenté dans ce chapitre.

16.1 Mesurer les performances de votre ordinateur

La mesure des performances de son ordinateur reste un élément qui permet de se préserver de bien des mauvaises surprises. Le simple fait de pouvoir évaluer son matériel et lui attribuer un score qui s'inscrit dans une échelle de mesure commune va offrir la possibilité d'acquérir des programmes compatibles avec les performances de votre ordinateur. Il concerne uniquement les performances de l'ordinateur qui affectent l'exécution des fonctionnalités dans Windows et d'autres programmes sur votre ordinateur. Cependant, Les composants matériels individuels, comme l'unité centrale et la mémoire vive (RAM) de votre ordinateur, sont testés et reçoivent un sous-score. Le score de base de votre ordinateur est déterminé par le sous-score inférieur. Cette fonction était déjà présente sous Windows Vista, mais pas sous Windows XP, le passage vers Windows 7 a uniquement pris en compte l'évolution du matériel puisque l'échelle des notes passe de 1 à 5,9 avec Windows Vista à 7,9 avec Windows 7.

Prenons l'exemple de l'évaluation des jeux disponibles dans Windows 7.

1. Cliquez sur le menu **Démarrer**, puis sur **Tous les programmes**. Dans **Jeux**, sélectionnez **Explorateur des jeux**.

2. Sélectionnez par exemple le jeu *Echecs Titans*, dans la fenêtre de droite se trouvent trois notes :

   – la classification recommandée du jeu ;

- la classification requise pour le jeu ;
- la classification du système actuel.

▲ Figure 16.1 : *Connaître le score demandé pour le bon fonctionnement d'en programme*

remarque

Information sur le score d'un programme

Même si l'exemple porte sur des programmes jeux, rien n'empêche d'imaginer que par la suite, ce mode de fonctionnant puisse être répandu dans l'entreprise et dans les logiciels des éditeurs tierces. Toutefois, ce principe existait déjà avant mais il n'a jamais dépassé le domaine du jeu.

16.2 Évaluer les performances de votre ordinateur

Pour évaluer les performances de votre ordinateur, procédez comme suit :

1. Cliquez sur le menu **Démarrer** puis sur **Panneau de configuration**.

2. Sélectionnez l'icône *Système et sécurité* puis **système**.

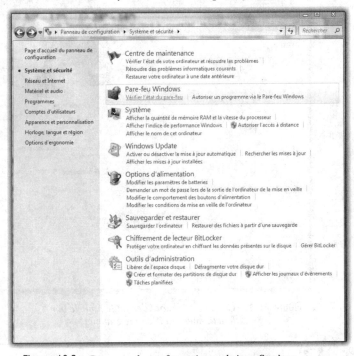

▲ Figure 16.2 : *Panneau de configuration, rubrique Système*

3. Dans la partie *Système* de la fenêtre **Informations systèmes générales** se trouve la note de votre ordinateur. Les informations indiquent le score de base de votre ordinateur, qui correspond aux performances et à la capacité globale du matériel.

4. Pour connaître les sous-scores de tous vos composants, cliquez sur **Indice de performance** situé à droite de votre score global.

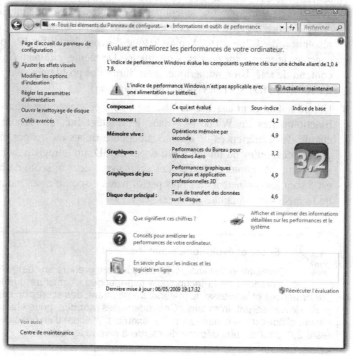

▲ Figure 16.3 : *Score global et sous-score de l'ordinateur*

Voici quelques descriptions générales provenant de l'aide Microsoft sur les types d'expérience auxquels vous pouvez être confronté sur un ordinateur recevant les scores de base suivants :

■ Un ordinateur dont le score de base est 1 ou 2 présente généralement des performances suffisantes pour assurer un traitement informatique ordinaire, comme l'exécution d'applications de productivité d'entreprise et la recherche sur Internet. Cependant, un ordinateur qui présente ce score de base n'est généralement pas assez puissant pour exécuter Windows Aero ou garantir les expériences multimédias avancées que Windows 7 propose.

- Un ordinateur dont le score de base est 3 peut exécuter Aero de Windows et de nombreuses fonctionnalités de Windows 7 à un niveau de base. Il est possible que certaines des nouvelles fonctionnalités avancées de Windows 7 ne soient pas disponibles. Ainsi, une machine dont le score de base est 3 peut afficher le thème Windows 7 à une résolution de 1 280 × 1 024, mais risque d'avoir des difficultés pour exécuter le thème sur plusieurs moniteurs. De même, elle peut lire du contenu de télévision numérique, mais aurait des problèmes pour lire du contenu HDTV (Télévision haute définition).

- Un ordinateur dont le score de base est 4 ou 5 peut exécuter toutes les fonctionnalités de Windows 7 dans leur intégralité, et prendre en charge des expériences de qualité supérieure riches en images et en graphiques, telles qu'un jeu multijoueur en 3D, un enregistrement et une lecture de contenu HDTV. Les ordinateurs dont le score de base est 5 sont les ordinateurs les plus performants disponibles au moment de la mise sur le marché de Windows 7.

Score et évolution de matériel

L'évaluation des scores est conçue pour prendre en charge les améliorations de la technologie informatique. À mesure que les performances et la vitesse du matériel s'améliorent, des scores de base plus élevés seront introduits. Cependant, les normes pour chaque niveau d'index restent identiques. Par exemple, le score d'un ordinateur reste 2,8, sauf si vous décidez de mettre à niveau le matériel.

Mettre votre score à jour

Malgré le score que peut remonter votre ordinateur, celui-ci n'est pas gravé dans le marbre. Il peut arriver que l'on souhaite mettre son ordinateur à niveau de la carte graphique, par exemple. Une fois cette mise à niveau réalisées, vous pouvez recalculer le score de votre ordinateur en procédant de la manière suivante :

1. Cliquez sur le menu **Démarrer** puis sur **Panneau de configuration**.

2. Sélectionnez l'icône *Système et sécurité* puis *Système*.

3. Dans la partie *Système* de la fenêtre **Informations systèmes générales**, cliquez sur **Indice de performance**.

4. Sélectionnez **Mettre mon score à jour**.

5. Calculer de nouveau votre score peut prendre quelques minutes. Windows 7 repasse en effet plusieurs tests sur votre ordinateur.

Une fois le test terminé, votre nouveau score est inscrit.

> **Calcul de la mise jour du score**
> Le calcul de la mise à jour du score ne peut s'effectuer que lorsque l'ordinateur est sur secteur.

16.3 Ajuster les paramètres visuels

Un paramètre qui peut également influencer les performances de votre ordinateur est le réglage des effets visuels. Windows 7 propose une interface graphique très agréable, mais qui, hélas, peut parfois porter préjudice aux performances. Pour éviter de rencontrer ce genre de désagrément, Windows 7 propose 4 possibilités de paramétrages :

- *Laisser Windows choisir la meilleure configuration pour mon ordinateur* ;
- *Ajuster afin d'obtenir la meilleure apparence* ;
- *Ajuster afin d'obtenir la meilleure performance* ;
- *Paramètres personnalisés.*

Pour ajuster les paramètres visuels, procédez comme suit :

1. Cliquez sur le menu **Démarrer** puis sur **Panneau de configuration**.

2. Sélectionnez l'icône *Système et sécurité* puis **Système**.

3. Dans le volet gauche de la fenêtre **Informations système générales**, cliquez sur **Paramètres système avancés**.

4. Sélectionnez l'onglet **Paramètres système avancés** dans la fenêtre **Propriétés système**.

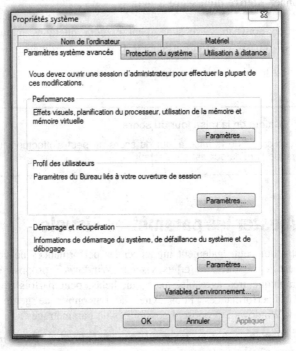

▲ Figure 16.4 : *Fenêtre de Paramètres système avancés*

5. Sous **Effets visuels, planification du processeur, utilisation de la mémoire et mémoire visuelle**, cliquez sur **Paramètre**.

6. Dans l'onglet **Effets visuels** de la fenêtre **Option de performances**, sélectionnez le réglage qui correspond à votre besoin, soit visuel, soit de performance et cliquez sur OK.

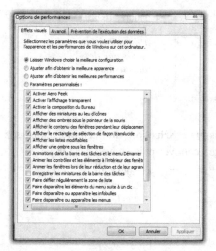

▲ Figure 16.5 : *Réglages des effets visuels*

16.4 Nettoyer le disque dur

Il arrive souvent que les ordinateurs soient de plus en plus encombrés par ce type de fichiers ; cela peut au fil du temps réduire les performances de votre machine. Pour remédier à ce problème, Windows 7 vous propose un outil de nettoyage du disque dur. Il supprime les fichiers inutiles ou temporaires du disque dur de votre ordinateur, ce qui vous permet d'augmenter l'espace de stockage disponible et retrouver de meilleures performances.

Pour nettoyer votre ordinateur des fichiers temporaires, procédez comme suit :

1. Cliquez sur le menu **Démarrer** puis sur **Tous les programmes**. Dans **Accessoire**, sélectionnez **Outils système** puis cliquez sur **Nettoyage de disque**.

2. Dans la fenêtre **Options de nettoyage de lecteur**, sélectionnez les fichiers de tous les utilisateurs.

◄ Figure 16.6 :
*Lancement de
l'utilitaire de
nettoyage de
disque dur*

3. Dans **Nettoyage de disque : Sélection du lecteur**, choisissez le disque que vous souhaitez nettoyer puis cliquez sur OK.

◄ Figure 16.7 :
*Choix du lecteur
à nettoyer*

4. Dans l'onglet **Nettoyage de disque** de la fenêtre **Nettoyage de disque pour (C :)**, sélectionnez les types de fichiers à supprimer puis cliquez sur OK. Les fichiers de veille prolongée représentent un volume important sur le disque.

5. Cliquez sur **Supprimer les fichiers** pour lancer la suppression.

◄ Figure 16.8 :
*Confirmation de
la suppression
des fichiers*

Défragmenter le disque dur

16.5 Défragmenter le disque dur

La fragmentation se produit sur un disque dur au fur et à mesure des enregistrements, modifications ou suppressions de fichiers. Les modifications que vous enregistrez pour un fichier sont souvent stockées à un emplacement du disque dur qui diffère de l'emplacement du fichier d'origine. Les modifications ultérieures sont enregistrées dans autant d'emplacements supplémentaires. Avec le temps, le fichier et le disque dur se fragmentent, votre ordinateur ralentit, car il doit effectuer des recherches à plusieurs emplacements différents pour l'ouverture d'un fichier.

Lancer une défragmentation

Pour lancer le défragmenteur de disque, procédez de la façon suivante :

1. Sélectionnez **Démarrer**, **accessoires**, **Outils système** et **Défragmenteur de disque**.

2. Dans la fenêtre **Défragmenteur de disque**, sélectionnez **Défragmenter maintenant**.

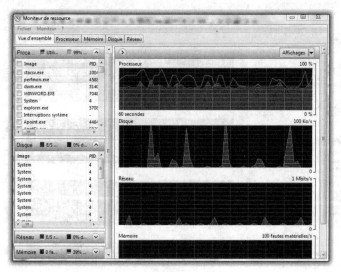

▲ Figure 16.9 : *Défragmenteur de disque*

Super Poche • 309

Défragmentation

L'exécution complète du Défragmenteur de disque peut prendre entre plusieurs minutes et quelques heures, selon la taille et le degré de fragmentation de votre disque dur. Toutefois, vous pouvez continuer d'utiliser votre ordinateur durant le processus de défragmentation.

16.6 Le Moniteur de ressources

Le Moniteur de ressources de Windows 7 est un composant dépendant de l'Analyseur de performances. Il fournit des outils pour l'analyse des performances du système. À partir d'une simple console, vous pouvez suivre les performances des logiciels et des matériels en temps réel.

Pour lancer le Moniteur de ressources, cliquez sur le logo Windows de démarrage, tapez ressources puis appuyez sur ⏎.

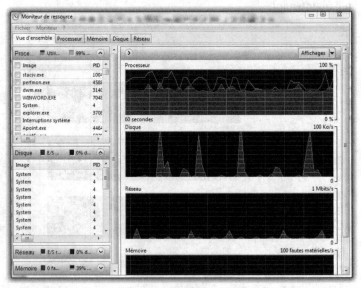

▲ Figure 16.10 : *Moniteur de ressources*

16.7 L'Affichage des ressources

Lorsque vous exécutez le Moniteur de ressources de Windows 7 en tant que membre du groupe local *Administrateurs*, vous pouvez analyser en temps réel l'utilisation et les performances du processeur, du disque, du réseau et de la mémoire. Cet utilitaire est une grande évolution sous Windows 7.

Vous pouvez obtenir des détails supplémentaires, y compris des informations sur les processus et les ressources qu'ils utilisent, en développant les quatre ressources.

L'affichage des ressources offre une vue d'ensemble des ressources en temps réel.

Il propose une vue **Processeur** avec l'activité qui lui est liée :

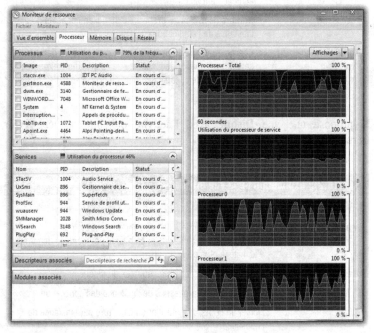

▲ Figure 16.11 : *Analyse en temps réel de l'utilisation du processeur*

Tab. 16.1 : Explication de la vue Processeur

Étiquette	Description
Processeur	L'étiquette du processeur affiche en vert le pourcentage total de capacité du processeur actuellement utilisé, et en bleu la fréquence maximale du processeur. Sur certains ordinateurs portables, la fréquence maximale du processeur est réduite lorsque l'ordinateur n'est pas relié à une source d'énergie électrique de manière à diminuer l'utilisation de la batterie.
Image	Application utilisant les ressources du processeur
ID du processus	Identificateur du processus de l'instance de l'application
Description	Nom de l'application
Threads	Nombre de threads de l'instance de l'application actuellement actifs
Processeur	Nombre de cycles du processeur actuellement actifs pour l'instance de l'application
Charge moyenne du processeur	Charge moyenne du processeur au cours des 60 dernières secondes résultant de l'instance de l'application, exprimée en pourcentage de la capacité totale du processeur

Il propose une vue **Disque** avec l'activité qui lui est liée : (voir Figure 16.12)

Tab. 16.2 : Explication de la vue disque

Étiquette	Description
Disque	L'étiquette de disque affiche en vert le nombre total d'entrées/sorties actuelles, et en bleu le pourcentage de temps d'activité le plus élevé du disque.
Image	Applications utilisant les ressources du disque
ID du processus	Identificateur du processus de l'instance de l'application
Fichier	Fichier en cours de lecture et/ou d'écriture par l'instance de l'application

Tab. 16.2 : Explication de la vue disque	
Étiquette	**Description**
Lecture	Vitesse actuelle (en octets par minute) de lecture des données du fichier par l'instance de l'application
Écriture	Vitesse actuelle (en octets par minute) d'écriture des données dans le fichier par l'application
Priorité d'Entrées/Sorties	Priorité de la tâche d'entrées/sorties pour l'application
Temps de réponse	Temps de réponse de l'activité du disque en millisecondes

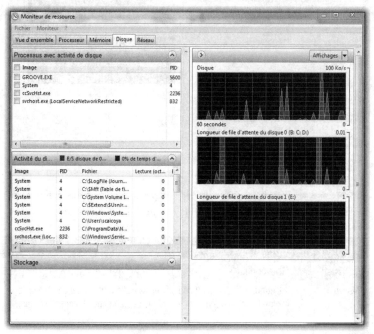

▲ Figure 16.12 : *Analyse en temps réel de l'utilisation du disque*

Il propose une vue **Réseau** avec l'activité qui lui est liée :

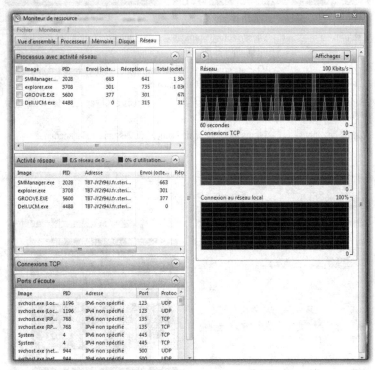

▲ Figure 16.13 : *Analyse en temps réel de l'utilisation du réseau*

Tab. 16.3 : Explication de la vue Réseau	
Étiquette	**Description**
Réseau	L'étiquette *Réseau* affiche en vert le trafic total actuel du réseau (en kilobits par seconde), et en bleu le pourcentage de capacité réseau utilisé.
Image	Application utilisant les ressources du réseau
ID du processus	Identificateur du processus de l'instance de l'application

Tab. 16.3 : Explication de la vue Réseau

Étiquette	Description
Adresse	Adresse réseau avec laquelle l'ordinateur local échange des informations. Elle peut être exprimée sous forme d'un nom d'ordinateur, d'une adresse IP ou d'un nom de domaine complet (FQDN).
Envois	Quantité de données (en octets par minute) envoyée actuellement par l'instance de l'application depuis l'ordinateur local vers l'adresse
Réception	Quantité de données (en octets par minute) actuellement reçue par l'instance de l'application depuis l'adresse
Total	Largeur de bande totale (en octets par minute) actuellement envoyée et reçue par l'instance de l'application.

Il propose une vue **Mémoire** avec l'activité qui lui est liée :

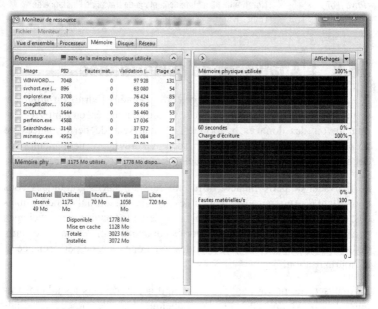

▲ Figure 16.14 : *Analyse en temps réel de l'utilisation de la mémoire*

Tab. 16.4 : Explication de la vue Mémoire

Étiquette	Description
Mémoire	L'étiquette *Mémoire* affiche en vert le nombre actuel de fautes matérielles par seconde, et en bleu le pourcentage de mémoire physique actuellement utilisé.
Image	Application utilisant les ressources de la mémoire
ID du processus	Identificateur du processus de l'instance de l'application
Fautes matérielles/min	Nombre de fautes matérielles par minute résultant actuellement de l'instance de l'application
Plage de travail (ko)	Nombre de kilooctets résidant actuellement dans la mémoire pour l'instance de l'application
Partageable (ko)	Nombre de kilooctets de la plage de travail de l'instance de l'application pouvant être disponibles pour être utilisés par d'autres applications
Privé (ko)	Nombre de kilooctets de la plage de travail de l'instance de l'application dédiés au processus

16.8 L'Analyseur de performances

L'Analyseur de performances (le célèbre Perfmon) fournit un affichage visuel des compteurs de performances Windows intégrés, en temps réel ou pour revoir des données historiques. L'Analyseur de performances ne présente pas une grande évolution sous Windows 7, il peut même être délaissé au profit d'outils plus actuels comme le moniteur de ressources.

L'Analyseur de performances offre plusieurs affichages graphiques vous permettant d'examiner visuellement les données du journal de performances. Vous pouvez créer dans l'Analyseur de performances des affichages personnalisés qui peuvent être exportés comme ensembles de collecteurs de données afin d'être utilisés avec les fonctionnalités de performance et de journalisation.

L'Analyseur de performances est un outil connu de tous les administrateurs depuis Windows NT 4.0. Voici quelques-unes des procédures d'administration à connaître.

Les compteurs de performances inclus dans Windows 7 ou installés dans le cadre d'une application autre que Microsoft peuvent être ajoutés à un ensemble de collecteurs de données ou à une session de l'Analyseur de performances. La boîte de dialogue **Ajouter des compteurs** vous permet d'accéder à la liste complète des compteurs disponibles.

1. Dans le Moniteur de fiabilité et de performances, cliquez sur **Outils d'analyse** puis sur **Analyseur de performances**.

2. Cliquez sur le bouton **Ajouter (+)** dans l'Analyseur de performances pour ajouter un compteur à l'écran actuel de l'Analyseur de performances.

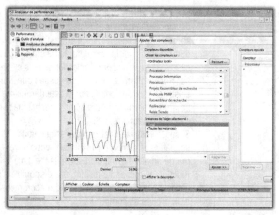

▲ Figure 16.15 : *Ajout de compteurs à l'Analyseur de performances*

Voici la liste des tâches que vous pouvez effectuer à partir de la fenêtre d'ajout de compteurs.

Tab. 16.5 : Actions à réaliser lors de l'ajout de compteurs	
Tâche	**Procédure**
Choisir des compteurs d'un ordinateur distant	Sélectionnez un ordinateur sur la liste déroulante ou cliquez sur **Parcourir** pour rechercher d'autres ordinateurs. Vous pouvez ajouter des compteurs provenant de l'ordinateur local ou d'un autre ordinateur du réseau auquel vous avez accès.

Tab. 16.5 : Actions à réaliser lors de l'ajout de compteurs

Tâche	Procédure
Afficher une description du groupe de compteurs sélectionné	Sélectionnez **Afficher la description** dans l'angle inférieur gauche de la page. La description sera mise à jour au fur et à mesure de la sélection d'autres groupes.
Ajouter un groupe de compteurs	Mettez le nom du groupe en surbrillance et cliquez sur **Ajouter**.
Ajouter des compteurs individuels	Développez le groupe en cliquant sur la flèche vers le bas, mettez le compteur en surbrillance puis cliquez sur **Ajouter**.
Rechercher les instances d'un compteur	Mettez en surbrillance le groupe de compteurs ou développez le groupe et mettez en surbrillance le compteur que vous voulez ajouter, tapez le nom du processus sur la liste déroulante située sous la case *Instances de l'objet sélectionné* puis cliquez sur **Rechercher**. Le nom du processus que vous saisissez sera disponible sur la liste déroulante pour vous permettre de répéter la recherche avec d'autres compteurs. Si aucun résultat n'est renvoyé et que vous souhaitiez effacer votre recherche, vous devez mettre un autre groupe en surbrillance. La fonction de recherche ne sera pas disponible s'il n'existe pas plusieurs instances d'un compteur ou d'un groupe de compteurs.
Ajouter seulement certaines instances d'un compteur	Mettez en surbrillance sur la liste un compteur ou un groupe de compteurs, sélectionnez le processus voulu sur la liste qui apparaît dans la case *Instances de l'objet sélectionné* puis cliquez sur **Ajouter**. Plusieurs processus peuvent créer le même compteur, mais le choix d'une instance permettra de collecter uniquement les compteurs produits par le processus sélectionné.

Maintenant que vos compteurs sont ajoutés avec pertinence, vous pouvez lancer votre analyse des performances.

Vous pouvez afficher les fichiers journaux ou les données des journaux fournies par une base de données dans l'Analyseur de performances afin de disposer d'une représentation visuelle des données de performances collectées par les ensembles de collecteurs de données, collecteurs de données décrits plus loin dans cet atelier.

Pour ouvrir des fichiers journaux dans l'Analyseur de performances :

1. Dans le Panneau de navigation du Moniteur de fiabilité et de performances, développez *Outils d'analyse* et cliquez sur *Analyseur de performances*.

2. Dans la Barre d'outils du volet de la console, cliquez sur le bouton **Affiche les données du journal**. La page des propriétés de l'Analyseur de performances s'ouvre sur l'onglet **Source**.

3. Dans la section *Source des données*, sélectionnez *Fichiers journaux* puis cliquez sur **Ajouter**.

4. Recherchez le fichier journal à afficher puis cliquez sur **Ouvrir**. Pour ajouter plusieurs fichiers journaux à l'affichage de l'Analyseur de performances, cliquez une nouvelle fois sur **Ajouter**.

5. Cliquez sur *Période* pour voir les périodes incluses dans le ou les journaux sélectionnés. Avec plusieurs fichiers journaux, vous pouvez déplacer les curseurs de début et de fin de période afin de choisir la période (dans tous les fichiers journaux sélectionnés) à afficher dans l'Analyseur de performances. Si un journal comprend des données de la période sélectionnée, elles seront affichées.

6. Quand vous avez terminé de sélectionner des fichiers journaux, cliquez sur OK.

7. Cliquez du bouton droit sur l'écran de l'Analyseur de performances puis cliquez sur **Ajouter des compteurs**. La boîte de dialogue **Ajouter des compteurs** s'ouvre. Seuls les compteurs inclus dans le ou les fichiers journaux au préalablement sélectionnés seront disponibles.

8. Sélectionnez les compteurs que vous voulez afficher dans le graphique de l'Analyseur de performances et cliquez sur OK.

Vous pouvez sélectionner plusieurs groupes de compteurs ou plusieurs compteurs à la fois en maintenant la touche [Ctrl] enfoncée tout en cliquant sur les noms des groupes ou des compteurs, puis en cliquant sur OK.

Pour accéder à une source de données du journal dans l'Analyseur de performances :

1. Dans le Panneau de navigation du Moniteur de fiabilité et de performances, développez *Outils d'analyse* et cliquez sur *Analyseur de performances*.

2. Dans la Barre d'outils du volet de la console, cliquez sur le bouton **Affiche les données du journal**. La page des propriétés de l'Analyseur de performances s'ouvre sur l'onglet **Source**.

3. Dans la section *Source des données*, choisissez *Base de données*.

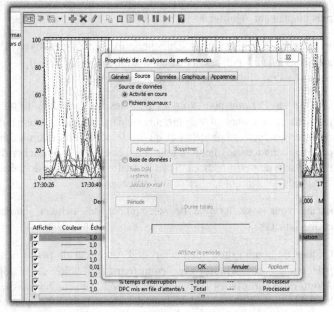

▲ Figure 16.16 : *Onglet Source de l'Analyseur de performances*

4. Choisissez un nom de source de données (DSN) système et un ensemble de journaux sur les listes déroulantes.

5. Cliquez sur *Période* pour voir les périodes incluses dans le journal sélectionné. Vous pouvez déplacer les curseurs de début et de fin de période afin de n'afficher qu'une partie du fichier journal dans l'Analyseur de performances.

6. Lorsque vous avez terminé, cliquez sur OK.

7. Cliquez du bouton droit sur l'écran de l'Analyseur de performances puis cliquez sur **Ajouter des compteurs**. La boîte de dialogue **Ajouter des compteurs** s'ouvre. Seuls les compteurs inclus dans le ou les fichiers journaux au préalablement sélectionnés seront disponibles.

8. Sélectionnez les compteurs que vous voulez afficher dans le graphique de l'Analyseur de performances et cliquez sur OK.

Vous pouvez sélectionner plusieurs groupes de compteurs ou plusieurs compteurs à la fois en maintenant la touche [Ctrl] enfoncée tout en cliquant sur les noms des groupes ou des compteurs, puis en cliquant sur OK.

Vous pouvez afficher les fichiers journaux dans différentes fenêtres de l'Analyseur de performances et les comparer ensuite en les superposant en transparence. Pour comparer plusieurs fichiers journaux dans l'Analyseur de performances :

1. Cliquez sur le logo Windows de démarrage, tapez perfmon /sys puis cliquez sur OK. L'Analyseur de performances s'ouvre en mode Autonome.

Comparaison des fenêtres de l'Analyseur de performances

Vous êtes obligé d'utiliser la ligne de commandes perfmon /sys pour que la comparaison avec transparence fonctionne. Si vous ouvrez l'Analyseur de performances via le Panneau de configuration, cela ne fonctionnera pas.

2. Pour créer un affichage qui servira de base de comparaison, ouvrez les journaux ou une autre source de données et ajoutez les compteurs de ces journaux ou sources de données à l'écran de l'Analyseur de performances.

3. Lorsque vous avez terminé la création de votre affichage de base, répétez les étapes précédentes pour ouvrir une autre instance de l'Analyseur de performances en mode Autonome.

4. Pour créer un affichage qui servira de base de comparaison, ouvrez les journaux ou une autre source de données et ajoutez les compteurs de ces journaux ou sources de données à l'écran de l'Analyseur de performances.

5. Dans la fenêtre de l'Analyseur de performances que vous voulez comparer à votre base, cliquez sur **Définir la transparence** dans le menu **Comparer** et sélectionnez soit *70% de transparence*, soit *40% de transparence*.

6. Dans la fenêtre de l'Analyseur de performances que vous souhaitez comparer à votre base, cliquez sur **Instantané à comparer** dans le menu **Comparer**. La fenêtre active de l'Analyseur de performances s'aligne automatiquement avec l'autre fenêtre de l'Analyseur de performances.

L'utilisation de la fonctionnalité de transparence pour comparer des fichiers journaux fonctionne mieux lorsque les différents journaux affichés proviennent du même ensemble de collecteur de données, puisque les proportions du graphique de l'Analyseur de performances changent de manière à afficher le plus efficacement possible l'étendue de données contenues dans le fichier journal. C'est plus lisible.

16.9   Le Moniteur de fiabilité

Le Moniteur de fiabilité a fait son apparition dans Windows Vista, il est un composant enfichable intégré au Moniteur de fiabilité et performance. Avec Windows 7, le composant n'est plus disponible, il ne reste plus que l'Analyseur de performances. Cependant, pour exécuter le Moniteur de fiabilité, il vous suffit de le lancer depuis la Barre de recherche.

Le Moniteur de fiabilité vous permet de voir en un coup d'œil la stabilité de votre système et affiche des informations quotidiennes sur les événements ayant un impact sur sa fiabilité. Le Moniteur de fiabilité retrace ces événements depuis l'installation de l'ordinateur ou pendant un an. Vous avez donc une vue au fil du temps de l'usage de l'ordinateur.

Ce nouvel outil s'avère très important pour les administrateurs, mais également pour les particuliers ; il leur permet en effet, en cas d'incident détecté par un utilisateur, d'avoir une vision temporelle des événements qui se sont passés avant, pendant et après l'incident.

Tous les administrateurs ont été confrontés un jour au fameux "Ça ne marche pas !..." provenant d'un utilisateur qui a un problème sur son ordinateur, suivi du non moins fameux et très utile "Je n'ai rien fait !..." qui est d'un grand secours dans la phase de diagnostic de l'administrateur ! Le Moniteur de fiabilité va permettre enfin à l'administrateur d'avoir rapidement et efficacement une vue sur l'utilisation globale de l'ordinateur et le déclenchement du problème. De plus, le Moniteur de fiabilité est un outil qui va permettre de juger noir sur blanc de la stabilité de Windows 7 dans le temps, bien que la stabilité soit directement liée à l'usage que l'on fait de l'ordinateur, ce que, peut-être, ce nouvel outil tendra à montrer avant tout.

Cette rubrique vous aide à comprendre les résultats et à prendre des mesures pour améliorer la fiabilité en fonction de ce que vous apprenez.

Ouvrir le Moniteur de fiabilité

Pour ouvrir le Moniteur de fiabilité, tapez `historique de fiabilité`.

Le Graphique de stabilité du système

Le Moniteur de fiabilité conserve un historique d'un an relatif à la stabilité du système et aux événements de fiabilité. Le Graphique de stabilité du système affiche un graphique continu organisé par dates.

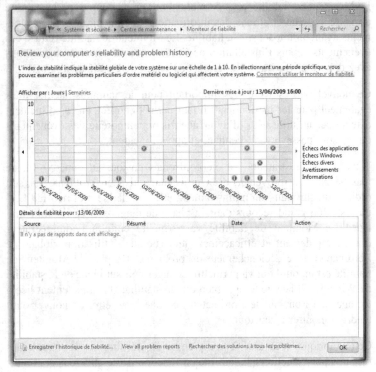

▲ Figure 16.17 : *Le Moniteur de fiabilité*

La partie supérieure du Graphique de stabilité du système affiche un graphique de l'index de stabilité. Dans la partie inférieure du graphique, cinq rangées suivent les événements de fiabilité qui soit contribuent à la mesure de la stabilité du système, soit fournissent des informations en rapport avec l'installation et la désinstallation de logiciels. Si un ou plusieurs événements de fiabilité de chaque type sont détectés, une icône apparaît dans la colonne à cette date.

Les résultats du Moniteur de fiabilité

Si le Moniteur de fiabilité fait état de fréquents événements de défaillance de fiabilité, utilisez les données qu'il fournit pour décider des mesures à prendre afin d'améliorer la stabilité de votre système d'exploitation.

Échecs des applications

Les installations et désinstallations de logiciels, y compris des composants du système d'exploitation, des mises à jour de Windows, des pilotes et des applications, sont suivies dans cette catégorie.

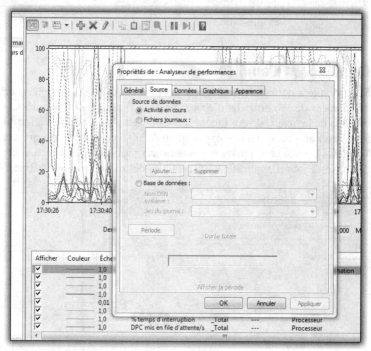

▲ Figure 16.18 : *Échecs des applications*

Tab. 16.6 : Installations/désinstallations de logiciels

Type de données	Description
Logiciel	Indique le système d'exploitation, le nom de l'application, le nom de la mise à jour de Windows ou le nom du pilote.
Version	Spécifie la version du système d'exploitation, de l'application ou du pilote (ce champ n'est pas disponible pour les mises à jour de Windows).

Tab. 16.6 : Installations/désinstallations de logiciels	
Type de données	**Description**
Activité	Indique si l'événement est une installation ou une désinstallation.
État de l'activité	Indique si l'action a réussi ou échoué.
Date	Spécifie la date de l'action.

Défaillances d'application

Si le Moniteur de fiabilité fait état de défaillances logicielles répétées, de défaillances de Windows ou d'échecs pendant l'installation ou la désinstallation de logiciels, il vous faudra peut-être mettre à jour l'application ou les composants du système d'exploitation défaillants. Utilisez les services Windows Update et Rapports et solutions aux problèmes pour rechercher des mises à jour d'applications susceptibles de résoudre vos problèmes.

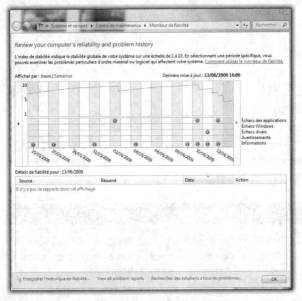

▲ Figure 16.19 : *Défaillances d'application*

Tab. 16.7 : Défaillances d'applications

Type de données	Description
Application	Spécifie le nom du programme exécutable de l'application qui a cessé de fonctionner ou de répondre.
Version	Spécifie le numéro de version de l'application.
Type de défaillance	Indique si l'application a cessé de fonctionner ou de répondre.
Date	Spécifie la date de la défaillance de l'application.

Échecs Windows

Les défaillances du système d'exploitation et du démarrage sont suivies dans cette catégorie.

Tab. 16.8 : Échecs Windows

Type de données	Description
Type de défaillance	Indique si l'événement est une défaillance du démarrage ou un incident sur le système d'exploitation.
Version	Identifie les versions du système d'exploitation et du Service Pack.
Détail de la défaillance	Fournit des détails sur le type de défaillance : Défaillance du système d'exploitation : indique le code d'arrêt. Défaillance au démarrage : indique le code du motif.
Date	Spécifie la date de la défaillance de Windows.

Échecs divers

Les défaillances qui ont un impact sur la stabilité, mais qui ne rentrent pas dans les catégories précédentes, y compris les arrêts inattendus du système d'exploitation, sont suivies dans cette catégorie (voir Figure 16.20).

Tab. 16.9 : Échecs divers

Type de données	Description
Type de défaillance	Indique si le système a été brutalement arrêté.

Tab. 16.9 : Échecs divers	
Type de données	Description
Version	Identifie les versions du système d'exploitation et du Service Pack.
Détail de la défaillance	Indique si la machine n'a pas été arrêtée correctement.
Date	Spécifie la date d'une défaillance diverse.

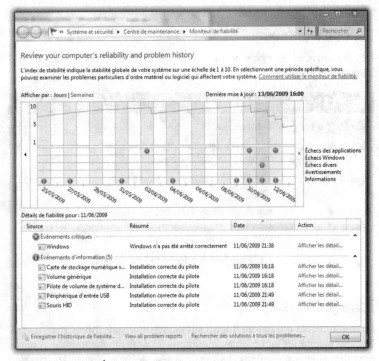

▲ Figure 16.20 : *Échecs divers*

16.10 La mémoire virtuelle

Elle associe la mémoire vive (RAM) de votre ordinateur à l'espace temporaire sur votre disque dur. Si la mémoire vive vient à manquer, la mémoire virtuelle transfère des données de la mémoire vive vers un espace appelé fichier de pagination. Le transfert des données depuis et vers le fichier de pagination permet de libérer de la mémoire vive et de terminer le travail en cours.

Plus votre ordinateur possède de mémoire vive, plus vos programmes généralement s'exécutent rapidement. Si un manque de mémoire vive ralentit votre ordinateur, vous pouvez être tenté d'augmenter la mémoire virtuelle pour compenser. Cependant, votre ordinateur peut lire les données en mémoire vive beaucoup plus rapidement qu'à partir d'un disque dur. L'ajout de mémoire vive offre donc une meilleure solution.

Déterminer la quantité de RAM présente sur l'ordinateur

Si vous souhaitez connaître la quantité de mémoire RAM que possède votre ordinateur, procédez ainsi :

1. Cliquez sur le menu **Démarrer** puis sur **Panneau de configuration**.

2. Sélectionnez l'icône *Système*.

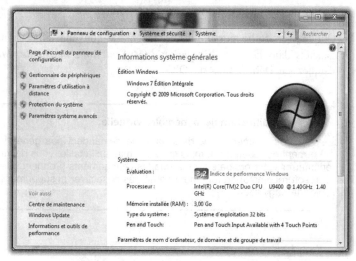

▲ Figure 16.21 : *Quantité de mémoire présente sur l'ordinateur*

Modifier la taille de la mémoire virtuelle

Pour modifier la taille de la mémoire virtuelle, procédez comme suit :

1. Cliquez sur le menu **Démarrer** puis sur **Panneau de configuration**.

2. Sélectionnez l'icône *Système*.

3. Dans le volet gauche, cliquez sur **Paramètres système avancés**. Si vous êtes invité à fournir un mot de passe administrateur ou une confirmation, fournissez le mot de passe ou la confirmation.

4. Sous l'onglet **Options avancées**, cliquez sur **Paramètres** sous **Performances**.

5. Cliquez sur l'onglet **Avancé**. Sous **Mémoire virtuelle**, cliquez sur **Modifier**.

6. Désactivez la case à cocher *Gérer automatiquement le fichier d'échange pour tous les lecteurs*.

7. Sous *Lecteur [nom de volume]*, cliquez sur le lecteur qui contient le fichier de pagination que vous voulez modifier.

8. Cliquez sur **Taille personnalisée**, tapez une nouvelle taille en mégaoctets dans la zone *Taille initiale (Mo) ou Taille maximale (Mo)*. Cliquez sur **Définir** puis sur OK.

> **Modification de la mémoire virtuelle**
>
> Les augmentations de la taille ne demandent pas généralement de redémarrer, mais si vous diminuez la taille, vous devrez redémarrer votre ordinateur pour que les changements prennent effet. Microsoft recommande fortement de ne pas désactiver ni supprimer le fichier de pagination.

17

Les raccourcis clavier

Les raccourcis clavier constituent un moyen très utile pour vous faciliter l'interaction avec votre ordinateur. L'objectif des raccourcis clavier est de limiter les passages intempestifs entre le clavier et la souris lors de certaines actions répétitives. Ils sont classés par familles. L'un des raccourcis les plus utilisés aujourd'hui est celui de l'Explorateur Windows. Pour le lancer, cliquez sur [Windows]+[E] ; l'Explorateur apparaît.

17.1 Raccourcis clavier spécifiques à Windows 7

Tab. 17.1 : Les raccourcis clavier spécifiques à Windows 7

Touches	Action
[Windows]+[Barre d'espace]	Toutes les fenêtres ouvertes sont mises en transparence, le Bureau apparaît.
[Windows]+[↑]	Maximise la fenêtre ouverte.
[Windows]+[Maj]+[←]	Déplace la fenêtre active sur le moniteur gauche si vous utilisez deux moniteurs.
[Windows]+[↓]	Minimise la fenêtre ouverte.
[Windows]+[Maj]+[→]	Déplace la fenêtre active sur le moniteur de droite si vous utilisez deux moniteurs.
[Windows]+[→]	Cadre la fenêtre ouverte sur la partie droite de l'écran.
[Windows]+[←]	Cadre la fenêtre ouverte sur la partie gauche de l'écran.
[Windows]+[T]	Prévisualise la première application active de la Barre des tâches. Faire à nouveau la combinaison pour aller vers l'application active suivante sur la Barre des tâches.
[Windows]+[Maj]+[T]	Prévisualise la dernière application active de la Barre des tâches. Faire à nouveau la combinaison pour revenir en arrière sur la Barre des tâches.
[Windows]+[1] à [9]	Lance une nouvelle instance de l'application se trouvant en position 1 à 9 dans la Barre des tâches.
[Windows]+[Q]	Ajuste les propriétés de l'écran.
[Windows]+[Home]	Réduit toutes les fenêtres à l'exception de la fenêtre active.

Tab. 17.1 : Les raccourcis clavier spécifiques à Windows 7	
Touches	Action
[Windows]+[G]	Affiche les gadgets au premier plan.
[Alt]+[P]	Active le volet de prévisualisation dans l'Explorateur.
[Windows]+[+]	Active la loupe et augmente le zoom.
[Windows]+[-]	Diminue le zoom de la loupe.
[Windows]+[Barre d'espace]	Affiche le Bureau en transparence.
[Windows]+[X]	Affiche le Centre de mobilité
[Windows]+[P]	Affiche une Barre des tâches permettant de sélectionner les options d'affichage.

17.2 Raccourcis clavier généraux

Tab. 17.2 : Raccourcis clavier généraux	
Appuyez sur les touches	Pour
[Ctrl]+[C]	Copier l'élément sélectionné
[Ctrl]+[X]	Couper l'élément sélectionné
[Ctrl]+[V]	Coller l'élément sélectionné
[Ctrl]+[Z]	Annuler une action
[Suppr]	Supprimer et déplacer l'élément sélectionné dans la Corbeille
[Maj]+[Suppr]	Supprimer l'élément sélectionné sans le déplacer au préalable dans la Corbeille
[F2]	Renommer l'élément sélectionné
[Ctrl]+[→]	Ramener le curseur au début du mot suivant
[Ctrl]+[←]	Ramener le curseur au début du mot précédent
[Ctrl]+[↓]	Ramener le curseur au début du paragraphe suivant
[Ctrl]+[↑]	Ramener le curseur au début du paragraphe précédent

Tab. 17.2 : Raccourcis clavier généraux

Appuyez sur les touches	Pour
Ctrl+Maj+Touche de direction	Sélectionner un bloc de texte
Maj+Touche de direction	Sélectionner plusieurs éléments d'une fenêtre ou du Bureau, ou sélectionner du texte dans un document
Ctrl+A	Sélectionner tous les éléments dans un document ou une fenêtre
F3	Rechercher un fichier ou un dossier
Alt+←	Afficher des propriétés pour l'élément sélectionné
Alt+F4	Fermer l'élément actif ou quitter le programme actif
Alt+Barre d'espace	Ouvrir le menu contextuel de la fenêtre active
Ctrl+F4	Fermer le document actif (dans les programmes vous permettant d'avoir plusieurs documents ouverts simultanément)
Alt+⇆	Passer d'un élément ouvert à l'autre
Ctrl+Alt+⇆	Utiliser les touches fléchées pour passer d'un élément ouvert à l'autre
Windows+⇆	Parcourir les programmes sur la Barre des tâches en utilisant la Bascule 3-D Windows
Ctrl+Windows+⇆	Utiliser les touches fléchées pour parcourir les programmes sur la Barre des tâches en utilisant la Bascule 3-D Windows
Alt+Échap	Parcourir les éléments dans leur ordre d'ouverture
F6	Parcourir les éléments d'écran d'une fenêtre ou du Bureau
F4	Afficher la liste des Barres d'adresse dans l'Explorateur Windows
Maj+F10	Afficher le menu contextuel associé à l'élément sélectionné
Ctrl+Échap	Ouvrir le menu **Démarrer**
Alt+lettre soulignée	Afficher le menu correspondant
Alt+lettre soulignée	Exécuter la commande de menu (ou une autre commande soulignée)

Tab. 17.2 : Raccourcis clavier généraux

Appuyez sur les touches	Pour
[F10]	Activer la Barre de menus dans le programme actif
[→]	Ouvrir le menu suivant à droite ou ouvrir un sous-menu
[←]	Ouvrir le menu suivant à gauche ou fermer un sous-menu
[F5]	Actualiser la fenêtre active
[Alt]+[↑]	Afficher le dossier d'un niveau supérieur dans l'Explorateur Windows
[Échap]	Annuler la tâche en cours
[Ctrl]+[Maj]+[Échap]	Ouvrir le Gestionnaire des tâches
[Maj] à l'insertion d'un CD	Empêcher la lecture automatique du CD

17.3 Raccourcis clavier pour les boîtes de dialogue

Tab. 17.3 : Raccourcis clavier pour les boîtes de dialogue

Appuyez sur les touches	Pour
[Ctrl]+[↹]	Avancer dans les onglets
[Ctrl]+[Maj]+[↹]	Reculer dans les onglets
[↹]	Avancer dans les options
[Maj]+[↹]	Reculer dans les options
[Alt]+[lettre soulignée]	Exécuter la commande (ou sélectionner l'option) associée à cette lettre
[↵]	Remplacer le clic de souris pour plusieurs commandes sélectionnées
[Barre d'espace]	Activer ou désactiver la case à cocher si l'option active est une case à cocher

Tab. 17.3 : Raccourcis clavier pour les boîtes de dialogue

Appuyez sur les touches	Pour
Touches de direction	Sélectionner un bouton si l'option active est un groupe de boutons d'option
F1	Afficher l'Aide
F4	Afficher les éléments dans la liste active
←	Ouvrir un dossier d'un niveau supérieur si un dossier est sélectionné dans la boîte de dialogue **Enregistrer sous** ou **Ouvrir**.

17.4 Raccourcis clavier dans l'Explorateur Windows

Tab. 17.4 : Raccourcis clavier dans l'Explorateur Windows

Appuyez sur les touches	Pour
Fin	Afficher le bas de la fenêtre active
↖	Afficher le haut de la fenêtre active
Verr num+Astérisque sur le pavé numérique (*)	Afficher tous les sous-dossiers du dossier sélectionné
Verr num+ + sur le pavé numérique	Afficher le contenu du dossier sélectionné
Verr num+ - sur le pavé numérique	Réduire le dossier sélectionné
←	Réduire la sélection actuelle (si elle est étendue), ou sélectionner le dossier parent
Alt+ ←	Afficher le dossier précédent
→	Afficher la sélection actuelle (si elle est réduite) ou sélectionner le premier sous-dossier
Alt+ →	Afficher le dossier suivant
Alt+ D	Sélectionner la Barre d'adresses

17.5 Raccourcis clavier de Microsoft

Tab. 17.5 : Raccourcis clavier de Microsoft	
Appuyez sur les touches	**Pour**
[Windows]	Ouvrir ou fermer le menu **Démarrer**
[Windows]+[ATTN]	Afficher la boîte de dialogue **Propriétés système**
[Windows]+[D]	Afficher le Bureau
[Windows]+[M]	Réduire toutes les fenêtres
[Windows]+[Maj]+[M]	Restaurer les fenêtres réduites sur le Bureau
[Windows]+[E]	Démarrer l'ordinateur
[Windows]+[F]	Rechercher un fichier ou un dossier
[Ctrl]+[Windows]+[F]	Rechercher les ordinateurs (si vous êtes sur un réseau)
[Windows]+[L]	Verrouiller votre ordinateur (si vous êtes connecté à un domaine de réseau) ou changer d'utilisateur (si vous n'êtes pas connecté à un domaine de réseau)
[Windows]+[R]	Ouvrir la boîte de dialogue **Exécuter**
[Windows]+[T]	Parcourir les programmes sur la Barre des tâches
[Windows]+[⬚]	Parcourir les programmes sur la Barre des tâches en utilisant la Bascule 3-D Windows
[Ctrl]+[Windows]+[⬚]	Utiliser les touches fléchées pour parcourir les programmes sur la Barre des tâches en utilisant la Bascule 3-D Windows
[Windows]+[U]	Ouvrir l'Accessibilité

17.6 Raccourcis clavier d'accessibilité

Tab. 17.6 : Raccourcis clavier d'Accessibilité	
Appuyez sur les touches	**Pour**
[Maj →] pendant huit secondes	Activer et désactiver les touches filtres
[Alt ←]+[Maj ←]+[Impr écran]	Activer et désactiver le contraste élevé

Tab. 17.6 : Raccourcis clavier d'Accessibilité

Appuyez sur les touches	Pour
Alt ← + Maj ← + Verr num	Activer et désactiver les touches souris
Maj cinq fois	Activer et désactiver les touches rémanentes
Verr num pendant cinq secondes	Activer et désactiver les touches bascule
Windows + U	Ouvrir le questionnaire d'accessibilité

17.7 Raccourcis clavier dans Internet Explorer

Affichage et exploration de pages web

Tab. 17.7 : Affichage et exploration de pages web

Appuyez sur les touches	Pour
F1	Afficher l'Aide
F11	Basculer entre la taille normale de la fenêtre d'Internet Explorer et le mode Plein écran
⇥	Se déplacer en avant dans les éléments d'une page web, de la Barre d'adresses et de la Barre des liens
Maj + ⇥	Se déplacer en arrière dans les éléments d'une page web, de la Barre d'adresses et de la Barre des liens
Alt + ↖	Aller à votre page d'accueil
Alt + →	Aller à la page suivante
Alt + ← ou ←	Aller à la page précédente
Maj + F10	Afficher le menu contextuel correspondant à un lien
Ctrl + ⇥ ou F6	Se déplacer en avant dans les cadres et les éléments du navigateur (fonctionne uniquement si la navigation par onglets est désactivée)
Ctrl + Maj + ⇥	Se déplacer en arrière entre cadres (fonctionne uniquement si la navigation par onglets est désactivée)

Tab. 17.7 : Affichage et exploration de pages web	
Appuyez sur les touches	**Pour**
⬆	Remonter vers le début d'un document
⬇	Avancer jusqu'à la fin d'un document
⇞	Remonter rapidement vers le début d'un document
⇟	Avancer rapidement jusqu'à la fin d'un document
↖	Remonter au début d'un document
Fin	Atteindre la fin d'un document
Ctrl+F	Effectuer une recherche dans cette page
F5	Actualiser la page web active
Ctrl+F5	Actualiser la page web active, même si l'horodatage de la version web et celui de la version stockée localement sont identiques
Échap	Arrêter le téléchargement d'une page
Ctrl+O	Ouvrir un nouveau site web ou une nouvelle page
Ctrl+N	Ouvrir une nouvelle fenêtre
Ctrl+W	Fermer la fenêtre active (si un seul onglet est ouvert)
Ctrl+S	Enregistrer la page active
Ctrl+P	Imprimer la page ou le cadre actif
↵+I	Activer un lien sélectionné
Ctrl+I	Ouvrir les Favoris
Ctrl+H	Ouvrir l'historique
Ctrl+J	Ouvrir les flux
Alt+P	Ouvrir le menu **Page**
Alt+T	Ouvrir le menu **Outils**
Alt+H	Ouvrir le menu **Aide**

Utilisation des onglets

Tab. 17.8 : Utilisation des onglets	
Appuyez sur les touches	**Pour**
`Ctrl`+`clic`	Ouvrir des liens dans un nouvel onglet en arrière-plan
`Ctrl`+`Maj`+`clic`	Ouvrir des liens dans un nouvel onglet au premier plan
`Ctrl`+`T`	Ouvrir un nouvel onglet au premier plan
`Ctrl`+`⇆` ou `Ctrl`+`Maj`+`⇆`	Basculer entre les onglets
`Ctrl`+`W`	Fermer l'onglet actif (ou la fenêtre active si la navigation par onglets est désactivée)
`Alt`+`↵`+`I`	Ouvrir un nouvel onglet à partir de la Barre d'adresses
`Ctrl`+`n` (où n est un chiffre compris entre 1 et 8)	Passer à un numéro d'onglet spécifique
`Ctrl`+`9`	Passer au dernier onglet
`Ctrl`+`Alt`+`F4`	Fermer les autres onglets
`Ctrl`+`Q`	Activer/désactiver les Onglets rapides (vue miniature)

Utilisation du zoom

Tab. 17.9 : Utilisation du zoom	
Appuyez sur les touches	**Pour**
`Ctrl`+`+` sur le pavé numérique	Augmenter le zoom (+10 %)
`Ctrl`+`-` sur le pavé numérique	Réduire le zoom (-10 %)
`Ctrl`+`0`	Faire un zoom de 100 %

Utilisation de la fonction de recherche

Tab. 17.10 : Utilisation de la fonction de recherche

Appuyez sur les touches	Pour
Ctrl+E	Aller à la zone de recherche
Alt+↵+I	Ouvrir votre requête de recherche dans un nouvel onglet
Ctrl+↓	Ouvrir le menu du moteur de recherche

Utilisation de l'aperçu avant impression

Tab. 17.11 : Utilisation de l'aperçu avant impression

Appuyez sur les touches	Pour
Alt+P	Définir des options d'impression et imprimer une page
Alt+U	Modifier le papier, les en-têtes et les pieds de page, l'orientation ainsi que les marges de la page
Alt+↖	Afficher la première page à imprimer
Alt+←	Afficher la page précédente à imprimer
Alt+A	Taper le numéro de la page à afficher
Alt+→	Afficher la page suivante à imprimer
Alt+Fin	Afficher la dernière page à imprimer
Alt+- sur le pavé numérique	Zoom arrière
Alt+- sur le pavé numérique	Zoom avant
Alt+Z	Afficher une liste des pourcentages de zoom
Alt+F	Spécifier le mode d'impression des cadres (cette option est uniquement disponible si vous imprimez une page web utilisant des cadres)
Alt+C	Fermer l'aperçu avant impression

Utilisation de la Barre d'adresses

Tab. 17.12 : Utilisation de la Barre d'adresses	
Appuyez sur les touches	**Pour**
Alt+D	Sélectionner le texte de la Barre d'adresses
F4	Afficher la liste des adresses que vous avez saisies
Ctrl+←	Déplacer le curseur vers la gauche dans la Barre d'adresses, jusqu'au premier symbole de rupture logique dans l'adresse (point ou barre oblique)
Ctrl+→	Déplacer le curseur vers la droite dans la Barre d'adresses, jusqu'au premier symbole de rupture logique dans l'adresse (point ou barre oblique)
Ctrl+↵	Ajouter "www." au début et ".com" à la fin du texte saisi dans la Barre d'adresses
↑	Descendre dans la liste des correspondances proposées par la fonctionnalité *Saisie semi-automatique*
↓	Remonter dans la liste des correspondances proposées par la fonctionnalité *Saisie semi-automatique*

Ouverture des menus de la barre d'outils Internet Explorer

Tab. 17.13 : Ouverture des menus de la barre d'outils Internet Explorer	
Appuyez sur les touches	**Pour**
Alt+M	Ouvrir le menu **Démarrage**
Alt+R	Ouvrir le menu **Imprimer**
Alt+J	Ouvrir le menu **RSS**
Alt+O	Ouvrir le menu **Outils**
Alt+L	Ouvrir le menu **Aide**

Utilisation des flux, de l'historique et des Favoris

Tab. 17.14 : Utilisation des flux, de l'historique et des Favoris	
Appuyez sur les touches	Pour
Ctrl+D	Ajouter la page active à vos Favoris
Ctrl+B	Ouvrir la boîte de dialogue **Organisation des Favoris**
Alt+↑	Faire monter l'élément sélectionné dans la liste des Favoris de la boîte de dialogue **Organisation des Favoris**
Alt+↓	Faire descendre l'élément sélectionné dans la liste des Favoris de la boîte de dialogue **Organisation des Favoris**
Alt+C	Ouvrir le Centre des favoris et afficher vos Favoris
Ctrl+H	Ouvrir le Centre des favoris et afficher votre historique
Ctrl+J	Ouvrir le Centre des favoris et afficher vos flux
Ctrl+Maj+J	Ouvrir et ancrer le Centre des favoris, et afficher vos flux
Alt+Z	Ouvrir le menu **Ajouter aux Favoris**
Alt+I	Afficher tous les flux (en mode d'affichage des flux)
Alt+M	Marquer un flux comme lu (en mode d'affichage des flux)
Alt+S	Placer le curseur dans la zone de recherche en mode d'affichage des flux

Modification

Tab. 17.15 : Modification	
Appuyez sur les touches	Pour
Ctrl+X	Supprimer les éléments sélectionnés et les copier dans le Presse-papiers
Ctrl+C	Copier les éléments sélectionnés dans le Presse-papiers
Ctrl+V	Insérer le contenu du Presse-papiers à l'emplacement sélectionné
Ctrl+A	Sélectionner tous les éléments de la page web active

Utilisation de la Barre d'informations

Tab. 17.16 : Utilisation de la Barre d'informations	
Appuyez sur les touches	**Pour**
Alt+N	Activer la Barre d'informations
Barre d'espace	Cliquer sur la Barre d'informations

17.8 Raccourcis clavier dans la Visionneuse de l'aide Windows

Tab. 17.17 : Raccourcis clavier dans la Visionneuse de l'aide Windows	
Appuyez sur les touches	**Pour**
Alt+C	Afficher la table des matières
Alt+N	Afficher le menu **Paramètres de connexion**
F10	Afficher le menu **Options**
Alt+←	Retourner à la rubrique affichée précédemment
Alt+→	Passer à la rubrique suivante (parmi les rubriques affichées précédemment)
Alt+A	Afficher la page sur le support technique
Alt+↖	Afficher la page d'accueil **Aide et support**
↖	Atteindre le début d'une rubrique
Fin	Atteindre la fin d'une rubrique
Ctrl+F	Rechercher la rubrique actuelle
Ctrl+P	Imprimer une rubrique
F3	Aller à la zone *Recherche*

17.9 Raccourcis clavier à utiliser avec des vidéos

Tab. 17.18 : Raccourcis clavier à utiliser avec des vidéos	
Appuyez sur les touches	**Pour**
J	Reculer d'une trame
K	Suspendre la lecture
L	Avancer d'une trame
I	Définir le point initial de découpage
O	Définir le point final de découpage
M	Fractionner un clip
↖	Arrêter et effectuer un retour arrière jusqu'au point initial de découpage
Alt+→	Avancer jusqu'à la trame suivante
Alt+←	Retourner à la trame précédente
Ctrl+K	Arrêter et effectuer un retour arrière de la lecture
Ctrl+P	Lire de l'emplacement actuel
↖	Déplacer le point initial de découpage
Fin	Déplacer le point final de découpage
⭳	Rechercher le point de fractionnement le plus proche avant l'emplacement actuel
⭳	Rechercher le point de fractionnement le plus proche après l'emplacement actuel

18

Glossaire

OEM : Dossier incluant des fichiers supplémentaires pour l'installation de Windows.

%SYSTEMROOT% : Chemin d'accès et nom du dossier dans lequel se situent les fichiers système Windows. Il s'agit généralement de *C:\Windows*.

%WINDIR% : Répertoire par défaut où Windows est installé, le plus souvent *C:\Windows*.

8.3 : Format standard pour les noms de fichier sous MS-DOS et Windows 3.1. Ce format se compose d'un nom de fichier de huit caractères au maximum suivi d'un point et d'une extension de trois caractères.

16/9e : Rapport d'image (largeur/hauteur) qui se rapproche le plus de ceux que l'on retrouve au cinéma (1.66:1, 1.85:1 et 2.35:1) et qui permet de visualiser de manière optimale les films enregistrés sur un DVD au format cinéma et certaines émissions TV. Il existe des écrans cathodiques, LCD et Plasma au format 16/9e, ainsi que des vidéoprojecteurs dont la matrice reprend ce rapport. On peut également en profiter sur un écran 4/3 traditionnel en perdant une partie de la surface de l'écran.

ActiveX : Technologie de Microsoft reposant sur OLE (*Object Linking and Embedding*) et COM (*Component Object Model*). Son implémentation la plus courante est le "contrôle ActiveX", capable d'être téléchargé et exécuté par un navigateur web et permettant l'accès depuis celui-ci aux éléments d'un environnement Microsoft.

Adresse IP : Série de quatre nombres, tous compris entre 0 et 255, identifiant de manière unique tout ordinateur ou serveur connecté à Internet. L'internaute se voit attribuer une adresse IP par son fournisseur d'accès à chaque connexion. 192.168.4.60 pourrait être votre adresse IP actuelle par exemple. On parle d'adresse IP fixe lorsque le fournisseur d'accès l'attribue définitivement à un abonné plutôt que de la renouveler à intervalles réguliers.

Adresse MAC : Numéro d'identification d'une carte réseau Ethernet. Ce numéro est unique ; deux cartes réseau ne peuvent avoir la même adresse MAC, ce qui permet d'identifier l'émetteur d'une requête.

ADSL : Technologie de transmission numérique à haut débit qui utilise les lignes téléphoniques existantes tout en permettant la transmission simultanée de données vocales sur ces mêmes lignes. L'essentiel du trafic est transmis vers l'utilisateur à des vitesses comprises généralement entre 512 kbit/s et 20 Mbit/s.

ASCII : Variante de l'alphabet international n°5 du CCITT (ou code ISO à sept éléments) utilisée pour l'échange d'informations. Ce code définit la représentation d'un jeu de caractères comprenant les vingt-six lettres minuscules et majuscules, les chiffres de 0 à 9, les signes de ponctuation, des caractères spéciaux et des caractères de commande.

Il existe un ASCII sur 8 bits, défini au départ pour les micro-ordinateurs, qui permet d'avoir les lettres minuscules accentuées.

Audit : Processus de suivi des activités des utilisateurs par l'enregistrement des types d'événements sélectionnés dans le journal sécurité d'un serveur ou d'une station de travail.

Authentification : Processus de vérification de la nature réelle ou prétendue d'une entité ou d'un objet. L'authentification consiste par exemple à confirmer la source et l'intégrité des informations, vérifier une signature numérique ou l'identité d'un utilisateur ou d'un ordinateur.

Autorisation : Règle associée à un objet en vue de déterminer les utilisateurs qui peuvent accéder à l'objet et la méthode qu'ils doivent employer. Les autorisations sont accordées ou refusées par le propriétaire de l'objet.

Agent : Application qui s'exécute sur un périphérique géré par protocole simplifié de gestion de réseau. L'application agent est l'objet d'activités de gestion. Un ordinateur exécutant un logiciel agent SNMP est également parfois appelé agent.

AGP : Sigle d'*Accelerated Graphic Port*. Standard de port d'extension pour carte graphique, il se matérialise par un connecteur greffé sur la carte mère. Ses débits initiaux de 266 Mo/s se sont vus étendus à 2 Go/s, dans sa dernière évolution l'AGP 8x. Le port PCI Express est son successeur désigné depuis 2004.

Amorce : Programme nécessaire à la mise en marche d'un ordinateur, exécuté à chaque mise sous tension ou réinitialisation. En anglais *boot*.

Analogique : Représentation d'une information par un signal à évolution continue (sinusoïdal, par exemple).

Arrière-plan : Image à l'arrière-plan de l'écran utilisée sur une interface utilisateur graphique telle que Windows. L'arrière-plan peut être constitué de n'importe quel motif ou image susceptible d'être enregistré en tant que fichier bitmap (*.bmp*).

Barre de titre : Barre horizontale affichée en haut d'une fenêtre qui contient le titre de la fenêtre. Dans la plupart des fenêtres, la Barre de titre comprend également l'icône de l'application ainsi que les boutons **Agrandir**, **Réduire**, **Fermer** et le bouton facultatif **?** pour l'aide contextuelle. Pour afficher un menu comprenant des commandes telles que *Restauration* et *Déplacement*, cliquez du bouton droit sur la Barre de titre.

Barre des tâches : Barre qui contient le bouton **Démarrer** et qui apparaît par défaut au bas du Bureau. Vous pouvez cliquer sur les boutons de la Barre des tâches pour permuter les programmes. Vous pouvez aussi masquer la Barre des tâches et la déplacer vers les bords ou le sommet du Bureau. Vous avez également la possibilité de la personnaliser de nombreuses manières.

Barre d'outils : Dans un programme, il s'agit d'une ligne, d'une colonne ou encore d'un bloc de boutons ou d'icônes affichés à l'écran dans une interface utilisateur graphique. Lorsque vous cliquez sur ces boutons ou ces icônes, certaines fonctions (tâches) du programme sont activées. Par exemple, la Barre d'outils de Microsoft Word contient des boutons qui permettent, entre autres, de remplacer le texte standard par du texte en italiques ou en gras, et d'enregistrer ou d'ouvrir un document. Les utilisateurs peuvent généralement personnaliser les barres d'outils et les déplacer dans la fenêtre de l'application.

BIOS : Acronyme de *Basic Input/Output System* pour système de base d'entrée/sortie. Programme de base stocké sur la carte mère d'un ordinateur, qui s'exécute avant le système d'exploitation et collabore avec ce dernier. Il se compose de deux sous-programmes, l'un vérifiant le bon état de fonctionnement des divers éléments du PC, l'autre régissant les relations entre le processeur et les composants de la machine.

BitLocker To Go : *BitLocker To Go* remplace *BitLocker Drive Encryption* introduit dans Windows Vista. Il permet la protection par chiffrement des données sensibles pour les disques internes, clés USB et disques externes. L'accès est protégé à l'aide d'une phrase faisant office de mot de passe

Boîte de dialogue interactive : Boîte de dialogue exigeant une réponse de l'utilisateur. Des périphériques intermédiaires, tels qu'un hôte de sécurité, requièrent une telle boîte de dialogue en guise de couche de sécurité supplémentaire entre le client et le serveur d'accès distant. Dans de telles boîtes de dialogue, l'utilisateur saisit un code d'accès ou un nom d'utilisateur et un mot de passe sur l'écran de terminal d'accès distant.

Blog : Journal personnel multimédia très facile à mettre à jour, depuis un mobile ou un ordinateur, accessible par tous depuis le Web ou un téléphone portable.

Blu Ray : Blu-ray Disc est le nom donné à un successeur du DVD. Basé sur un rayon laser bleu, contrairement au laser rouge utilisé pour les CD et les DVD, il permet de stocker plus d'informations sur la même surface.

C'est un format propriétaire de Sony, capable de stocker 50 Go de données. Il présente la même épaisseur que le DVD, mais la couche de protection transparente est plus fine, ce qui oblige les fabricants de médias à modifier sensiblement leur chaîne de production.

Bluetooth : Norme de communication par ondes radio avec un rayon d'action de 1 à 100 m suivant les appareils, développée par le Bluetooth SIG. Elle est utilisée avant tout sur les téléphones mobiles, les oreillettes sans fil et les assistants personnels.

Norme permettant de relier deux appareils par une connexion radio dans un rayon de 10 à 100 m, et ce, sur la bande radio des 2,4 GHz. Elle est destinée à remplacer à terme les liaisons infrarouges.

Bogue : Défaut de conception ou de réalisation se manifestant par des anomalies de fonctionnement. En anglais *bug*.

Bureau : Zone de travail de l'écran dans laquelle apparaissent les fenêtres, les icônes, les menus et les boîtes de dialogue.

Caractère générique : Caractère du clavier qui permet de représenter un ou plusieurs caractères lors de l'exécution d'une requête. Le point d'interrogation (?) représente un seul caractère alors que l'astérisque (*) représente un ou plusieurs caractères.

Carte vidéo : Carte d'extension qui s'enfiche dans un ordinateur personnel afin de lui donner des possibilités d'affichage. Celles-ci dépendent des circuits logiques (fournis par la carte vidéo) et du moniteur. Chaque carte propose plusieurs modes vidéo différents. Ceux-ci appartiennent aux deux catégories de base : le mode Texte et le mode Graphique. Certains moniteurs permettent en outre de choisir la résolution du mode Texte et du mode Graphique. Un moniteur peut afficher davantage de couleurs aux résolutions les plus basses.

Les cartes actuelles contiennent de la mémoire afin que la mémoire vive de l'ordinateur ne soit pas sollicitée pour stocker les affichages. En outre, la plupart des cartes possèdent leur propre coprocesseur graphique qui se charge des calculs liés à l'affichage graphique. Ces cartes sont souvent appelées accélérateurs graphiques.

CD-R : Disque compact enregistrable. Des données peuvent être copiées plusieurs fois sur le CD mais elles ne peuvent pas être supprimées.

CD-RW : Disque compact réinscriptible. Des données peuvent être copiées plusieurs fois sur le CD ou supprimées.

Certificat : Document électronique rattaché à une clé publique par un tiers de confiance, qui fournit la preuve que la clé publique appartient à un propriétaire légitime et n'a pas été compromise.

Certificat d'autorisation : Document électronique qui prouve les droits d'accès et les privilèges de quelqu'un et prouve aussi qu'il est bien ce qu'il prétend être.

Cheval de Troie : Initialement, un cheval de Troie désignait un programme se présentant comme un programme normal destiné à remplir une tâche donnée, voire ayant parfois un nom connu (en quelque sorte "déguisé" sous une fausse apparence) mais qui, une fois installé, exerçait une action nocive totalement différente de sa fonction "officielle".

Actuellement, le terme désigne à peu près tout programme qui s'installe de façon frauduleuse (souvent par le biais d'un mail ou d'une page web piégés) pour remplir une tâche hostile à l'insu de l'utilisateur. Les fonctions nocives peuvent être l'espionnage de l'ordinateur, l'envoi massif de spams, l'ouverture d'un accès pour un pirate...

La distinction entre cheval de Troie, spyware, keylogger, porte dérobée n'est donc souvent qu'une question de mot ou de contexte.

Chipset : Jeu de composants en français. Composé de deux éléments, le chipset permet aux différents éléments d'un ordinateur de s'échanger des données.

Le circuit *Northbridge* gère le trafic de données entre le processeur et la mémoire vive, ainsi que les données graphiques.

Le circuit *Southbridge* se charge des relations avec les périphériques d'entrée/sortie.

Codec : Algorithme permettant de compresser et décompresser des fichiers audio et vidéo sans perdre une quantité considérable d'informations. Une fois qu'un fichier a été compressé par un codec tel que MP3 ou RealAudio, il est plus petit et plus facile à transmettre sur le Web mais il conserve une qualité sonore fidèle à l'original.

Compatibilité : Qualité d'un matériel ou d'un logiciel conformes aux règles d'interface d'un système informatique défini, et dont l'introduction n'altère pas les conditions de fonctionnement de ce système.

Compression : Procédé permettant de réduire le volume (en bits) ou le débit (en bit/s) des données numérisées (parole, images, textes...).

Compression audio : Consiste à conserver le volume sonore dans les limites audibles en abaissant les sons les plus forts, tout en augmentant les plus faibles, selon le niveau de compression défini. Il s'agit de limiter les différences de volume d'une chanson.

Connecteur IEEE 1394 : Type de connecteur qui vous permet de connecter et déconnecter des périphériques série haute vitesse En général, un connecteur IEEE 1394 est situé à l'arrière de l'ordinateur, à proximité du port série ou du port parallèle.

Connexions réseau : Composant qui permet d'accéder aux ressources et aux fonctionnalités du réseau, que vous soyez connecté physiquement au réseau localement ou à distance. En utilisant le dossier *Connexions réseau*, vous pouvez créer, configurer, stocker et surveiller les connexions.

Cookie : (cookie HTTP persistant sur le client) Fichier ou information quelconque envoyés par le serveur web au client (votre browser) qui sert à vous identifier et peut enregistrer des informations personnelles comme votre identité et votre mot de passe, votre adresse email... et d'autres informations.

Corbeille : Emplacement dans lequel Windows stocke les fichiers supprimés. Vous pouvez récupérer des fichiers supprimés par erreur ou vider la Corbeille pour augmenter l'espace disque disponible.

Décodeur logiciel : Type de décodeur DVD (*Digital Video Disc*) qui permet à un lecteur de DVD d'afficher des films sur l'écran de votre ordinateur. Un décodeur logiciel ne recourt qu'à des éléments logiciels pour afficher des films.

Dégroupage : Le dégroupage de la boucle locale consiste à permettre aux nouveaux opérateurs d'utiliser le réseau local de l'opérateur historique, constitué de paires de fils de cuivre, pour desservir directement leurs abonnés. Dans cette hypothèse, l'usage du réseau local de France Télécom est rémunéré par l'opérateur nouvel entrant.

Défragmentation : Processus de réécriture de parties d'un fichier dans des secteurs contigus d'un disque dur en vue d'augmenter la vitesse d'accès et de récupération des données. Lorsque des fichiers sont mis à jour, l'ordinateur a tendance à les enregistrer sur le plus grand espace continu du disque dur, qui se trouve souvent sur un secteur différent de celui sur lequel sont enregistrées les autres parties du fichier. Lorsque des fichiers sont ainsi fragmentés, l'ordinateur doit examiner le disque dur chaque fois qu'il ouvre le fichier afin d'en rechercher les différentes parties, ce qui réduit son temps de réponse.

Disque dur : Le disque dur (*Hard Disk* ou *HD* en anglais) est un support magnétique de stockage de données numériques. On parle de *hard disk* (disque dur) par opposition aux *floppy disk* (disque mou) que sont les disquettes.

DivX : Format de compression vidéo, basé sur la norme MPEG-4, qui permet par exemple aux internautes de graver sur un CD (650 Mo) un film issu d'un DVD (4,7 Go), sans en altérer la qualité.

Dossier : Dans une interface utilisateur graphique, conteneur de programmes et de fichiers symbolisés par une icône de dossier. Un dossier est un outil permettant de classer les programmes et les documents sur un disque et capable de contenir à la fois des fichiers et des sous-dossiers.

DRM : Sigle signifiant gestion des droits numériques (*Digital Rights Management*). Technologie sécurisée qui permet au détenteur des droits d'auteur d'un objet soumis à la propriété intellectuelle (comme un fichier audio, vidéo ou texte) de spécifier ce qu'un utilisateur est en droit d'en faire. En général, elle est utilisée pour proposer des téléchargements sans craindre que l'utilisateur ne distribue librement le fichier sur le Web.

Dual core : Physiquement, le processeur dual core ressemble fort à un processeur classique, à ceci près qu'il est surmonté de deux dies au lieu d'un seul. Le die étant parfois recouvert d'une plaque protectrice, il ne sera pas toujours possible de distinguer au premier coup d'œil un processeur dual core d'un processeur classique.

Pour autant, il est impossible d'utiliser un processeur dual core sur une carte mère actuelle, même si le socket est identique. Il faut que le chipset de la carte mère soit adapté à la gestion du dual core.

Économiseur d'écran : Image ou motif mobile qui apparaît à l'écran quand vous n'utilisez pas la souris ou le clavier pendant une durée spécifiée.

FAI : (*Fournisseur d'accès Internet*) Société chez laquelle vous payez un service vous permettant de vous connecter à Internet. Ex : Free, Wanadoo, AOL ...

Fenêtre : Portion de l'écran dans laquelle les programmes et les processus peuvent être exécutés. Vous pouvez ouvrir plusieurs fenêtres à la fois. Par exemple, vous pouvez consulter vos message électroniques dans une fenêtre, travailler sur un budget dans une feuille de calcul ouverte dans une autre fenêtre, télécharger des images de votre caméscope dans une autre fenêtre et faire vos courses en ligne dans une autre fenêtre. Les fenêtres peuvent être fermées, redimensionnées, déplacées, réduites en bouton dans la Barre des tâches ou affichées en plein écran.

Gestion de l'ordinateur : Composant qui permet d'afficher et de contrôler de nombreux aspects de la configuration d'un ordinateur. La Gestion de l'ordinateur associe plusieurs utilitaires d'administration dans l'arborescence d'une seule console, fournissant un accès facile aux propriétés et aux outils d'administration des ordinateurs locaux ou distants.

Gestionnaire de périphériques : Outil d'administration qui vous permet de gérer les périphériques de votre ordinateur. Grâce au Gestionnaire de périphériques, vous pouvez afficher et modifier les propriétés des périphériques, mettre à jour les pilotes de périphérique, configurer les paramètres des périphériques et désinstaller ces derniers.

Hardware : Ensemble des éléments physiques employés pour le traitement de données.

Icône : Sur un écran, symbole graphique qui représente une fonction ou une application logicielle particulière que l'on peut sélectionner et activer à partir d'un dispositif tel qu'une souris. En anglais *icon*.

Imprimante : Dispositif qui reproduit du texte ou des images sur papier ou sur tout autre média d'impression. Parmi les différents types d'imprimantes, citons notamment les imprimantes laser et les imprimantes matricielles.

Internet : Réseau informatique mondial constitué d'un ensemble de réseaux nationaux, régionaux et privés qui sont reliés par le protocole de communication TCP/IP et qui coopèrent dans le but d'offrir une interface unique à leurs utilisateurs.

L'ambition d'Internet s'exprime en une phrase : Relier entre eux tous les ordinateurs du monde. À l'image du téléphone qui permet de converser avec toute personne dont on connaît le numéro, Internet est un système mondial d'échange de documents électroniques : textes, fichiers, images, sons et séquences audiovisuelles. C'est l'alliance de l'informatique et des télécommunications : la télématique au véritable sens du terme. Les utilisateurs d'Internet sont désignés par le terme d'internaute, synonyme de cybernaute, de surfer ou de net surfer. Quant aux informations du réseau, elles sont accessibles à partir de "lieux" que l'on appelle sites Internet.

Java : Langage de programmation orienté objet, développé par Sun Microsystems. Il permet de créer des logiciels compatibles avec de nombreux systèmes d'exploitation (Windows, Linux, Macintosh, Solaris). Java donne aussi la possibilité de développer des programmes pour téléphones portables et assistants personnels. Enfin, ce langage peut être utilisé sur Internet pour des petites applications intégrées à la page web (*applet*) ou encore comme langage serveur (*jsp*).

JPEG : Format de fichier graphique permettant des taux de compression impressionnants au détriment de la qualité de l'image : la compression se fait avec perte d'information. L'extension de fichier correspondante est JPG. Ce format ne supporte pas la transparence contrairement au GIF. La norme JPEG (*Joint Photographic Expert Group*) utilise l'ADCT (transformée en cosinus discrète).

Logiciel : Traduction du terme anglais *Software*, le logiciel constitue l'ensemble des programmes et procédures nécessaires au fonctionnement d'un système informatique. Dans la famille des logiciels, on trouve par exemple des logiciels d'application qui sont spécifiques à la résolution des problèmes de l'utilisateur (progiciel, tableur, traitement de texte, grapheur, etc.).

Logiciel espion : Logiciel qui peut afficher des publicités (telles que des fenêtres publicitaires intempestives), collecter des informations vous concernant ou modifier les paramètres de votre ordinateur, généralement sans votre consentement explicite.

Mémoire cache : Intégrées au processeur (mémoire cache de niveau) et proche de ce dernier (mémoire cache de niveau 2), les mémoires cache sont deux espaces offrant au processeur un accès rapide aux données et instructions les plus utiles. Elles lui épargnent des allées et venues incessantes vers la mémoire vive.

Mémoire flash : Type de mémoire petite, plate et à semi-conducteur utilisée dans les lecteurs MP3, les appareils photo numériques et les assistants personnels. Elle regroupe les mémoires CompactFlash, Smart-Media et Memory Stick. Si on calcule le coût par mégaoctet, il s'agit d'une forme de stockage très onéreuse.

Mémoire virtuelle : Espace du disque dur interne d'un ordinateur qui vient seconder la mémoire vive, elle se concrétise par un fichier d'échanges (fichier *swap*), lequel contient les données non sollicitées constamment. La mémoire virtuelle, comme son nom l'indique, sert à augmenter artificiellement la mémoire vive. Elle est aussi moins performante.

MP3 : MP3 est l'extension et le nom généralement donné aux fichiers sonores encodés au format de compression MPEG Audio Layer 3. Mondialement apprécié pour ses capacités de compression selon un facteur 12 et la très faible altération du son qui demeure proche de la qualité CD, le format MP3 date de 1991.

MPEG : Acronyme de *Moving Pictures Experts Group*. Format standard de compression des fichiers audio et vidéo pour le téléchargement ou la diffusion en continu. Le standard MPeg-1 lit les données audio et vidéo en continu à raison de 150 ko/s (débit équivalent à celui d'un lecteur de CD-ROM à simple vitesse).

Nom de domaine : Un nom de domaine se compose d'un nom (marque, société, nom de famille, etc.) et d'une extension. Cette dernière peut être un suffixe géographique de deux lettres (.fr, .de par exemple) ou un suffixe générique en trois lettres (.com, .net par exemple).

P2P : Contraction de *peer-to-peer*. D'égal à égal en français. Type de connexion réseau par laquelle deux machines communiquent d'égal à égal, à l'opposé des relations maître esclave. Ce type de connexion permet à des millions d'internautes affiliés à un réseau de partager leurs fichiers stockés sur le disque dur de leur machine.

Partition : Sous-ensemble d'un disque dur découpé virtuellement en unités logiques. Un disque dur de 80 Go peut être ainsi découpé en deux partitions de 40 Go afin d'installer Windows XP et Linux. Il sera considéré comme deux disques durs sous ces deux systèmes d'exploitation.

Pare-feu : Logiciel ou matériel permettant d'empêcher que des pirates informatiques ou des logiciels malveillants n'accèdent à un ordinateur. Un pare-feu empêche que des logiciels malveillants (tels que des vers) n'accèdent à un ordinateur sur un réseau ou sur Internet, et évite qu'un ordinateur n'envoie des logiciels malveillants à d'autres ordinateurs.

PCI : Sigle signifiant *Peripheral component interconnect*. Standard conçu pour brancher sur la carte mère des cartes d'extension, le bus PCI offre des débits allant jusqu'à 266 Mo/s. Il est voué à disparaître au profit du port PCI Express.

PCI Express : Standard de bus d'extension qui a fait son apparition sur les ordinateurs personnels en 2004. Sa vocation est de remplacer en premier lieu le bus AGP, puis le bus PCI sur les cartes mères. Les débits alloués oscillent entre 312 Mo/s et 10 Go/s, contre 133 Mo/s maximum pour PCI et 2 Go/s maximum pour AGP.

PDA : Sigle signifiant *Personal Digital Assistant*, assistant personnel ou ordinateur de poche en français. Avant tout agenda et carnet d'adresses, ces appareils intègrent des fonctions de plus en plus élaborées et n'ont presque plus rien à envier aux PC de bureau. Lecture de MP3, de vidéos, auxquels s'ajoutent des programmes qui les transforment en outils de navigation associés à un GPS, par exemple. Deux grandes familles s'opposent, les machines sous Palm OS et celles sous PocketPC ; il existe autant de programmes additionnels pour l'une et l'autre.

Plug-in : De l'anglais *to plug in*, brancher. Non autonome, le plug-in (ou plugin) est un petit logiciel qui se greffe à un programme principal pour lui conférer de nouvelles fonctionnalités. Ce dernier fixe un standard d'échange d'informations auquel ses plug-ins se conforment. Par exemple, certains plug-ins s'installent sur un navigateur pour lui apporter des fonctions supplémentaires.

Podcasting : Mot né de la combinaison de iPod, Broadcasting et webcasting. Système de diffusion et d'agrégation de contenus audio destinés aux baladeurs, tels que l'iPod. Développé par Adam Curry en 2004, le podcasting utilise le format de syndication de contenus RSS 2.0, pour rendre les compilations disponibles aux abonnés, de la même manière que l'on s'abonne à un flux de nouvelles.

Pop-up : Fenêtre publicitaire qui s'affiche devant la page web consultée. On parle de fenêtre *pop_under* lorsque la fenêtre publicité apparaît derrière cette page.

RAM : Pour *Random Access Memory*. Par opposition à la mémoire fixe (ROM), on parle de mémoire vive, qui peut être modifiée à l'infini dès qu'elle est alimentée en électricité. En informatique, la mémoire vive sert à stocker temporairement les fichiers que l'ordinateur exécute.

Registre : Emplacement de base de données destiné aux informations relatives à la configuration d'un ordinateur. Le Registre contient des informations auxquelles Windows se réfère en permanence, notamment :

- les profils de chacun des utilisateurs ;
- les programmes installés sur l'ordinateur et les types de documents que chacun peut créer ;
- les paramètres des propriétés des dossiers et des icônes de programme ;
- le matériel présent sur le système ;
- les ports en cours d'utilisation.

Le Registre est organisé de manière hiérarchique sous la forme d'une arborescence et est constitué de clés et de sous-clés, de ruches et de rubriques contenant des valeurs.

Réseau domestique : Réseau qui relie l'ensemble des appareils et capteurs de la maison. Il peut être filaire ou sans fil. Certains réseaux utilisent une passerelle domestique. Installée dans le domicile, elle est le point central de tous les flux : téléphone, données, vidéo, images, musiques… Elle sera connectée d'un côté au réseau public et de l'autre au réseau local de la maison

Serial ATA : Interface d'entrée/sortie pour unités de stockage interne comme des disques durs ou des graveurs de DVD. Son débit initial de 150 Mo/s devrait s'étendre à 600 Mo/s d'ici 2007.

Shareware : Logiciel en libre essai en français. Logiciel payant que l'on peut utiliser en libre essai durant une période ou un nombre d'utilisations donnés. Si son utilisateur souhaite employer définitivement le logiciel, il a l'obligation de rétribuer l'auteur du logiciel.

Services : Les services sont utilisés pour effectuer des actions entre un programme installé sur un ordinateur et un périphérique Bluetooth distant. Ces paramètres permettent à l'ordinateur et aux périphériques Bluetooth externes de se connecter et d'effectuer d'autres activités, comme la connexion à Internet ou l'impression.

Smartphone : Littéralement "téléphone intelligent", c'est un terme utilisé pour désigner les téléphones évolués, qui possèdent des fonctions analogues à celles des assistants personnels. Certains peuvent lire des vidéos, des MP3 et se voir ajouter des programmes spécifiques.

Spam : Le spamming peut être défini comme l'usage abusif d'un système de messagerie électronique destiné à exposer délibérément et généralement de manière répétée tout ou partie de ses utilisateurs à des messages ou à des contenus non pertinents et non sollicités, souvent en faisant en sorte de les confondre avec les messages ou les contenus habituellement échangés ou recherchés par ces utilisateurs.

Spyware : Contraction de spy et software. Logiciel espion qui collecte des données personnelles avant de les envoyer à un tiers ; transmettre les données saisies grâce au clavier, par exemple.

Télévision haute définition (HDTV) : Type de télévision qui fournit une résolution, une netteté, une qualité du son et une qualité d'image beaucoup plus élevées que des télévisions traditionnelles. Des télévisions haute définition sont souvent utilisées comme moniteurs d'ordinateurs.

URL : (*Uniform Resource Locator*) Elle représente l'adresse par laquelle un site est accessible ; ex : `http://www.microapp.com`.

Ver informatique : En informatique, un ver est un programme nocif qui diffère des virus par plusieurs points. Tout d'abord, le ver est un programme autonome qu'on peut retrouver sur le disque dur, contrairement aux virus qui se dissimulent comme des parasites dans des fichiers ou dans le code exécutable contenu dans le secteur de démarrage du disque.

Virus : Programme qui tente de se propager d'un ordinateur à un autre et peut occasionner des dégâts (tels que l'effacement ou l'altération de données) ou gêner des utilisateurs (en affichant des messages ou en modifiant les données qui apparaissent à l'écran).

Webcam : Petite caméra numérique, branchée sur l'ordinateur, qui permet de diffuser régulièrement et en temps réel sur le Web des images vidéo en provenance de différents endroits sur la planète et de réaliser des visioconférences par Internet, entre amis ou professionnellement.

Wi-Fi : *Wireless Fidelity* ou Ethernet sans fil. Réseau local de type Ethernet à accès sans fil qui permet d'obtenir des débits pouvant atteindre

11 Mbit/s théorique (soit 5 Mbit/s répartis entre les utilisateurs connectés) dans une bande de fréquences de 2,4 GHz. Le matériel Wi-Fi respecte la famille de normes 802.11 de l'IEEE pour la communication sans fil dans un réseau Ethernet.

Windows Driver Library (**WDL**) : Point de distribution sur www.microsoft.com pour les pilotes tiers qui répondent aux exigences du programme Windows Logo Program.

Windows Hardware Quality Labs (**WHQL**) : Organisation de test de matériels qui produit et prend en charge le kit HCT (*Hardware Compatibility Test*) de Microsoft pour les systèmes d'exploitation Microsoft actuels. Le matériel comme les logiciels sont testés avant d'obtenir le droit de porter le logo.

Windows Installer : Service qui permet au système d'exploitation de gérer le processus d'installation. Les technologies de Windows Installer s'articulent autour de deux axes qui fonctionnent conjointement : un service d'installation côté client (*Msiexec.exe*) et un fichier de package (fichier *.msi*). Pour installer l'application, Windows Installer utilise les informations contenues dans un fichier de package.

XviD : Format de compression vidéo analogue au DivX. Sa différence réside dans le fait qu'il s'agit d'un projet Open Source (dont le code source est public, distribuable et modifiable dans le cadre de la licence GPL) et non d'un produit commercial.

19

Index

!

A

B

C

I

J-L

M-N-O

P

R

S

T-U-V

W

X

Composé en France par Jouve
11, bd de Sébastopol - 75001 Paris